VALÉRIE ZANON
FOTOS VON LINDA LOUIS

Sauerteig

SCHRITT FÜR SCHRITT ZUM ERFOLG

Für meine Kinder Ilyes, Assia und Meriem.
Ich wünsche euch, dass ihr an eure Träume glaubt, die Kreativität entwickelt, sie voranzutreiben, und die Ausdauer habt, sie zu verwirklichen.
Mit all meiner Liebe.

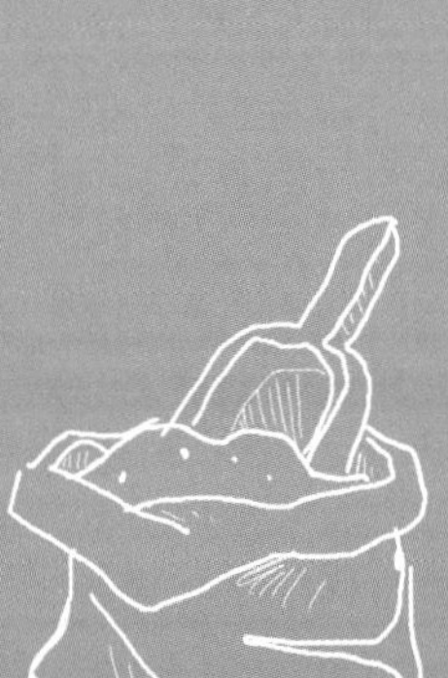

VALÉRIE ZANON
FOTOS VON LINDA LOUIS

Sauerteig

SCHRITT FÜR SCHRITT ZUM ERFOLG

süße & herzhafte
40
REZEPTE
zum Genießen

HEEL

Inhalt

Die Überraschenden -
übriges Anstellgut in der Hauptrolle

Reste-Feste -
kreative Verwertung von altbackenem Brot

Anhang

Vorwort

Wer hat Angst vor Sauerteig? Niemand! Schließlich ist Sauerteig nicht der böse Wolf, und außerdem zeigt Valérie hier in aller Ausführlichkeit, wie Sie dieses lebende Ferment – mit dem seit Urzeiten Brot gebacken wird und das unzählige Generationen, wenn nicht sogar Zivilisationen ernährt hat – selbst heranzüchten und erhalten können.

Vielleicht geben Sie Ihrem Sauerteig sogar einen neckischen Namen, wie es die Autorin hier tut? Denn ganz bestimmt sorgt der liebevolle, fast freundschaftliche Umgang mit Ihrem Hermann dafür, dass Brote und andere Backwaren – ob nun aus diesem Buch oder aus anderen Quellen –, aber auch die tollen Ideen von Valérie zur Verwertung von übrig gebliebenem Sauerteig und altbackenem Brot gut gelingen und doppelt so gut schmecken.

Als Brotbäckerin mit einer großen Vorliebe für das *Bread-Cooking* – das Kochen mit Brot – war ich ganz begeistert von den Rezepten, in denen von der Krume bis zur Kruste auch der letzte Krümel verwertet wird, damit vom Sauerteig bis zum fertigen Brot nichts verloren geht, alles neu geschaffen wird, und es an Ihnen ist, es zu verwandeln (frei nach dem berühmten Chemiker Antoine Laurent de Lavoisier).

Abgesehen von der Zubereitungsmethode und den Rezepten können Sie in diesem Buch viel über die Geschichte des Sauerteigs erfahren und lernen die Vielfalt der Brotsorten kennen, die in verschiedensten Kulturkreisen entstanden sind.

Ob mit ihrem Blog, ihrem Podcast und nun auch mit diesem Buch: Valérie macht mit viel Humor und Liebe zum Detail Lust auf Sauerteig, den wir Bäcker jeden Tag pflegen und nähren.

Bei Poilâne setzen wir den Sauerteig aus einer Portion Teig an, der bei jedem Knetvorgang entnommen wird und bald zusammen mit Mehl, Wasser und Meersalz der Ausgangspunkt für eine neue Teigmenge sein wird. Und wenn der Teig in die hölzerne Teigwannen gegeben wird, wo er in der Wärme der Backstube reifen kann, wird wiederum ein Stück Teig für den Sauerteig der nächsten Charge entnommen.

Auf diese Weise arbeiten wir bereits seit 1932, als mein Großvater sich in der Rue du Cherche-Midi 8 niedergelassen hat. Mein Vater und nun auch ich führen die Backtradition meines Großvaters konsequent fort – mit vielen fähigen Bäckern und noch mehr Brotlaiben! Diese Kontinuität macht uns so besonders und stolz.

Nun können auch Sie sich an der Herstellung von Sauerteig versuchen, ob alleine, als Paar oder mit Ihren Kindern. Lassen Sie sich auf keinen Fall verunsichern. Sauerteig ist ein Abenteuer und dieses Buch eine tolle Anleitung!

Apollonia Poilâne

(Leiterin der berühmten Traditionsbäckerei Poilâne)

Einleitung

MEIN SAUERTEIG UND ICH

Kreisläufe finde ich seit meiner Kindheit spannend, denn sie stehen für Entstehen und Vergehen. Sie symbolisieren das Leben und sein Fortschreiten und zeigen die ständige Entwicklung der Welt, die uns umgibt und uns ausmacht. Kreisläufe sind der Beweis für unsere Resilienz und dafür, dass es immer möglich ist, selbst aus dem tiefsten Tal wieder herauszukommen. Kreisläufe sind wie das Atmen. Oft beobachte ich den Mond und staune darüber, wie er regelmäßig ab- und zunimmt und seine Energien auf uns überträgt.

Der Zyklus der Jahreszeiten, der Gezeiten, der weibliche Zyklus ... Alle natürlichen Kreisläufe und Rhythmen stehen für Kontinuität. Ich glaube an die Verbindung des unendlich Kleinen mit dem unendlich Großen, an das Zusammenspiel aller Dinge und an die Energien, die dadurch entstehen.

Als Kind habe ich mit Begeisterung allerlei Samen zur Keimung gebracht und die Entwicklungsstadien genau beobachtet. Genauso gern habe ich Kuchenteig im Ofen zugesehen, wie er aufgeht und sich verändert. Später, während meines Kunststudiums und als Lehrerin war es mir wichtig, meinen Schülern zu zeigen, wie sie ihr kreatives Potenzial entwickeln können, sie von Punkt A nach Punkt B zu bringen und sie zu ermutigen, sich für alles zu interessieren, was dazwischen liegt.

Auch Sauerteig hat die Eigenschaft, sich zu verändern und zu entwickeln. Er funktioniert in Aktivitätszyklen, die von seinem großen Potenzial zeugen. In einem Brotteig sorgt er als Triebmittel für einen weiteren Kreislauf – die Brotgärung –, die sich im Backvorgang, im Verzehr, in der Verdauung usw. fortsetzt. Und weil er von Natur aus ein bisschen eigenwillig ist, finde ich ihn absolut faszinierend.

SELBERMACHEN MACHT SPASS

Ich habe zwei Jahre in Kairo gelebt, zwei Jahre, in denen ich mich entwickelt habe und die schönen Momente des Lebens zu schätzen gelernt habe. In Kairo habe ich angefangen, mein eigenes Brot zu backen und auch weitere Lebensmittel selbst herzustellen, die ich in Kairo so nicht finden konnte: Frischkäse, Pfefferminzsirup, Zwieback ... Mich selbst versorgen zu können, war eine echte Erleichterung!

Zurück in Frankreich machte ich damit weiter und fütterte meinen Blog mit Hunderten Rezepten, mit denen man alles, was man normalerweise im Supermarkt fertig kauft, auch selbst zubereiten kann.

„BÖSER SAUERTEIG"

Mehrere Jahre litt ich unter Verdauungsbeschwerden, die mich dazu brachten, meine bisherige Ernährung kritisch zu prüfen. Ich habe viel recherchiert und viele Sachbücher gelesen. Dabei wurde mir klar, wie unglaublich resilient unser Verdauungssystem ist und wie groß die Auswirkungen dessen sind, was wir uns einverleiben. Für mich stand fest, dass ich meine Ernährung umstellen und vor allem weiterhin mein eigenes Brot backen wollte, allerdings nur noch mit Sauerteig!

Nun, ich kann Ihnen sagen, dass der Anfang nicht leicht war! Vor zehn Jahren war Brot-

backen mit Sauerteig noch etwas Exotisches, etwas für Freaks, die ansonsten nur von Luft, Liebe und Wasser leben. Es gab nur wenige Anleitungsbücher, und die Beschreibungen waren kompliziert und frustrierend.

Thomas Edison sagte einmal: „Der sicherste Weg zum Erfolg ist immer, es noch einmal zu versuchen." So habe ich durch viel Experimentieren und Beobachten meine ganz persönliche Methode entwickelt und kann meinen Lieben heute täglich ein tolles, gesundes Brot vorsetzen. Ist das nicht toll?

Nun, da ich den Dreh raushatte, wollte ich mein Wissen mit meiner Community teilen und stellte eine ausführliche Anleitung, unterstützt durch zahlreiche Schritt-für-Schritt-Fotos, Techniken und leicht verständliche Rezepte, in meinen Blog und in meine Social-Media-Accounts. Dann, als die Menschen sich durch die diversen Corona-Lockdowns aufs Wesentliche besannen und Brotbacken offensichtlich eine wunderbare Möglichkeit der Selbstwirksamkeit bot, startete ich meinen Podcast *„Vilain Levain"* (was so viel heißt wie „Böser Sauerteig").

Der Name, der auf Französisch fast wie ein Anagramm klingt, ist kein Zufall, sondern spielt mit einem Augenzwinkern darauf an, dass Sauerteig ein lebender Organismus ist und manchmal richtig fies und unberechenbar sein kann. Ich bekomme viele Nachrichten von Leuten, die sich unnötig unter Druck setzen und sich ärgern, dass sie es nicht hinkriegen. Warum funktioniert es nicht? Habe ich etwas falsch gemacht? Warum wird mein Sauerteig nix? Da helfen nur Humor und Gelassenheit, um am Anfang eventuellen Frust und Ärger bei der Anzucht dieses Organismus zu vertreiben. Man muss die Dinge ins richtige Verhältnis setzen und ein bisschen Drama rausnehmen: „Nein, dein Sauerteig ist kein Bösewicht und auch nicht bockig. Er wendet sich nicht bewusst gegen dich. Aber er braucht nun mal ein bisschen Aufmerksamkeit und Geduld." Das ist die Botschaft, die ich in meinem Blog mit dem, zugegeben, wenig akademischen Titel vermitteln möchte.

DAS RECHT AUF UNVOLLKOMMENHEIT

In diesem Buch gibt es absichtlich keine standardisierten Brot- und Kuchenrezepte. Ich will keine Illusionen verkaufen. Ich habe dieses Buch geschrieben, um meine Methode möglichst zugänglich zu machen, sodass sie leicht übernommen und persönlich weiterentwickelt werden kann. Ich müsste lügen, wenn ich behauptete, dass mir alles gelingt, was ich anrühre – und es liefe der Intention, die ich mit diesem Buch verfolge, auch zuwider. Ich vergesse, Brot aus dem Ofen zu holen (oder es reinzuschieben), ich vergesse Teiglinge, sodass sie zu lange reifen, ich vermassle das Teigfalten, ich lasse Sauerteig im vorgeheizten Ofen reifen ... ohne den Ofen wieder auszuschalten. Ich mache ab und an Fehler, und jedes Mal reagiert der Teig darauf und zeigt mir, wie anspruchsvoll er ist. Wer Brot backen will, sollte aufmerksam und gut organisiert sein, immer ein Auge auf den Teig haben, nichts übersehen, nichts vergessen. Aber Fehler gehören nun mal zum Leben. Nichts und niemand ist perfekt. Alles ist Vielfalt, Variation und Entwicklung. In diesem Sinne können wir viel von Sauerteig lernen: über die Welt und über uns selbst.

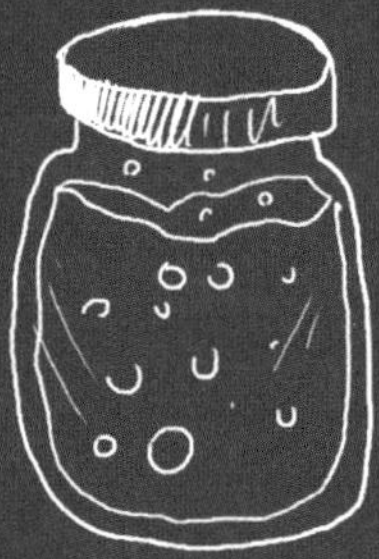

Alles über Sauerteig

Sauerteig, was ist das eigentlich?

Definitionen

Sauerteig

1. Kultur aus bestimmten Hefepilzen und Milchsäurebakterien, die als Trieb- und Lockerungsmittel in Teige einarbeitet werden, um einen Gärprozess in Gang zu bringen.

2. Kleiner, gutmütiger Organismus, der es schätzt, wenn man sich um ihn kümmert – oft sehr hungrig, mürrisch und übel riechend, wenn er nicht regelmäßig gefüttert wird. Er kann in einen sehr langen Dornröschenschlaf fallen, ist aber nur sehr schwer totzukriegen.

Allgemeines

Ich fange mal von vorne an und versuche, es einfach und trotzdem präzise zu halten. Sauerteig ist eine Mischung aus Mehl und Wasser, die durch biochemische Reaktionen, an denen Milchsäurebakterien und wilde Hefen beteiligt sind, vergoren wird, und durch das entstehende Kohlenstoffdioxid eine entsprechende Triebkraft entwickelt. Der Begriff der Gärung aka Fermentation begegnet uns auch bei der Produktion von Bier, Joghurt oder Kombucha, kurzum bei allen Lebensmitteln, bei denen durch eine sogenannte Starterkultur eine Gärung bzw. Fermentation in Gang gesetzt wird. Dabei muss die Starterkultur nicht unbedingt eine Mehl-Wasser-Mischung sein, sondern kann auch aus anderem pflanzlich-organischem Material (Honig, Obst, Reis etc.) oder Hefekulturen bestehen. Zurück aber zu unserem Trieb- und Säuerungsmittel aus (Roggen-) Mehl und Wasser, das seit Urzeiten zur Herstellung von Brot und Backwaren verwendet wird. Sauerteig lässt sich leicht zu Hause herstellen, ermöglicht die Herstellung von bekömmlichem, superleckerem Brot und ist günstig in Zubereitung und Pflege.

Und so geht's

Sobald Mehl mit Wasser in Kontakt kommt und stehen gelassen wird, kommt es zu einer natürlichen Reaktion, der Gärung. Mit bloßem Auge ist lediglich ein mehr oder weniger fester Teig zu erkennen. Unter dem Mikroskop sieht das schon viel interessanter aus, denn da ist allerhand los! Das Mehl enthält Enzyme, die bei Kontakt mit Wasser und Luft aktiviert werden und das Wachstum von natürlichen, im Mehl und in der Umgebungsluft vorhandenen, wilden Hefen und Bakterien ermöglichen. Letztere arbeiten Hand in Hand und produzieren als Stoffwechselnebenprodukt Kohlenstoffdioxid (CO_2). Die Hefen und Bakterien gedeihen immer besser, je länger und gewissenhafter man seinen Sauerteig pflegt.

Was?! Bakterien?

Keine Panik! Bakterien lassen sich in zwei Kategorien einteilen: die bösen, die Krankheiten verursachen und Lebensmittel verderben lassen, und die guten, nützlichen, für unseren Organismus unentbehrlichen Bakterien, wie sie beispielsweise zu Milliarden unser Mikrobiom (Darmflora) ausmachen.
Sie können sich sicher sein, dass die in Sauerteig wachsenden Bakterien zu den guten gehören und zu einer gesunden, robusten Darmflora beitragen, die wiederum wichtig für unser Immunsystem und unser Wohlbefinden ist.

Was bedeutet „auffrischen"?

Beim Thema Sauerteig ist sehr häufig von „auffrischen“ die Rede. Dabei geht es nicht darum, den Sauerteig einer wohltuenden Kühlung zu unterziehen, sondern darum, den Teig, beziehungsweise die Mikroorganismen, mit frischer Nahrung zu versorgen, damit sie sich fleißig vermehren können. Je häufiger bzw. regelmäßiger ein Sauerteig mit Mehl und

Wasser aufgefrischt wird, desto aktiver ist er; je seltener, desto träger. Um seine volle Triebkraft aufrechtzuerhalten, ist es also sehr wichtig, einen Sauerteig regelmäßig aufzufrischen.

Die Sumoringer-Regel

Ich bekomme oft Anfragen von Menschen, deren Sauerteig angeblich nicht genug Wumms hat – wie man heute sagt – und der als „schlapp" und „schwach auf der Brust" beschrieben wird. Meine erste Frage lautet dann, wie viel der Sauerteig wiegt und mit wie viel Mehl und Wasser er regelmäßig aufgefrischt wird. Oft liegt der Fehler schon darin, dass die Futtermenge zu gering ist.
Man stelle sich Sauerteig als Sumoringer vor, der enorm hungrig am Tisch sitzt und dann setzt man ihm nur eine Schale Reis vor. Wie der Sumoringer wohl reagiert? In jedem Fall nicht mit Begeisterung!
Mit Sauerteig verhält es sich ganz ähnlich: Er muss mit mindestens so viel Wasser und Mehl gefüttert werden, wie er selbst wiegt.

IN DER PRAXIS

- Ein Sauerteig wiegt 50 g, also sollte er mit je 25 g Mehl und Wasser aufgefrischt werden. Das nennt man eine 1:1-Auffrischung. Das heißt, das neue Futter wiegt so viel wie der Sauerteig selbst. Das ist quasi die tariflich festgelegte Mindestmenge.

Anfrischsauer, Grundsauer, Vollsauer

Bei diesen Begriffen kann man zugegebenermaßen schon mal durcheinanderkommen.

In der Bäckerei ist es üblich, mit Anstellgut zu arbeiten, das ist Sauerteig, der nicht verbacken wird und für die späteren Verwendungen aufbewahrt und gepflegt wird. Von diesem Anstellgut wird ein Teil entnommen, dreimal in kurzen Abständen aufgefrischt und zur Reife gestellt, bis er vollreif ist, seine volle Kraft entwickelt hat und schließlich als Vollsauer für die Brotherstellung verwendet wird.

Da die meisten von uns wahrscheinlich keine Bäckerei betreiben, schlage ich vor, die Sache etwas zu vereinfachen und sich aufs Wesentliche zu konzentrieren: auf das Anstellgut und den vollreifen Sauerteig (Vollsauer), der zum Backen eingesetzt werden kann.
Das Anstellgut ist quasi die Sauerteig-Mutterkultur. Es ist ein Sauerteig, der über Tage aus Mehl und Wasser herangezüchtet wurde, im Kühlschrank gelagert werden kann und regelmäßig aufgefrischt wird, um gesund und aktiv zu bleiben. Davon können immer wieder Portionen entnommen, zur Vollreife geführt und zum Backen verwendet werden.

Noch einfacher?

Hier verrate ich Ihnen meine Methode, die natürlich sehr persönlich ist, bei der ich aber nicht viel nachdenken muss und Mehl sparen kann.

Ich bewahre mein Anstellgut nicht im Kühlschrank auf. Ich führe es bis zum Vollsauer, den ich fast vollständig für mein Brotrezept verbrauche, und zwacke davon nur eine sehr kleine Menge (ca. 30 g) ab, die ich als Anstellgut aufbewahre und bis zum nächsten Brotbacktag wieder zum Vollsauer auffrische.
Auf diese Weise züchte ich meinen Sauerteig direkt in meinem Anstellgutglas heran und habe immer reifen Sauerteig zur Verfügung, ohne astronomische Mengen Anstellgut durch wiederholtes Auffrischen zu produzieren und eventuell wegwerfen zu müssen.

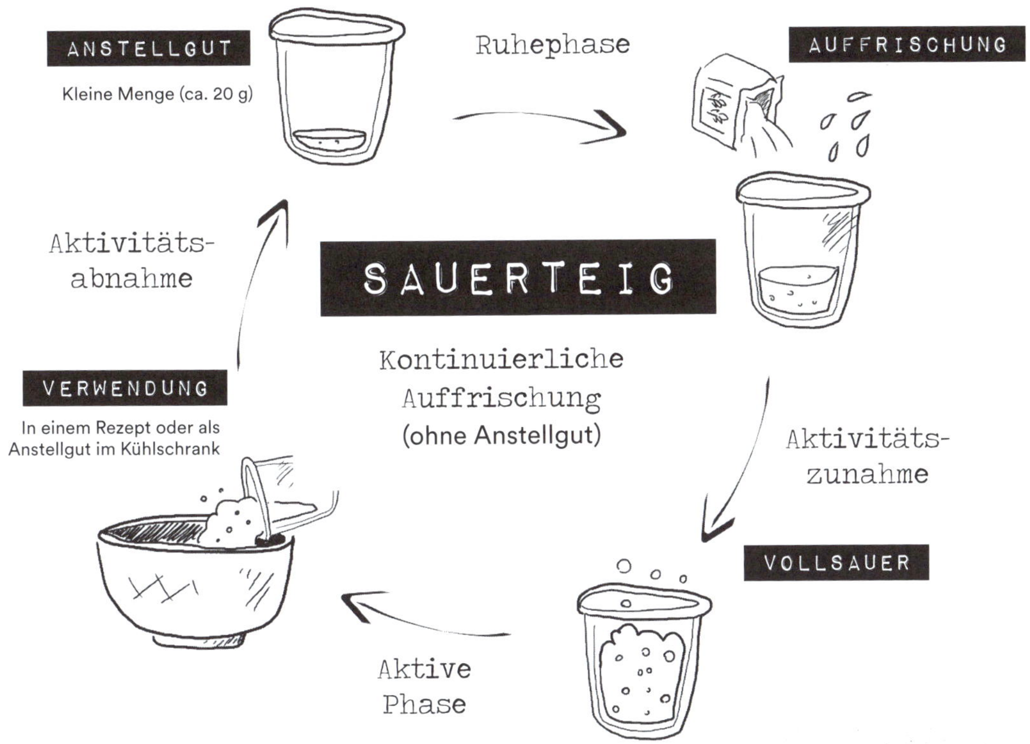

KONSISTENZEN UND EIGENSCHAFTEN

- Man spricht häufig von flüssigem oder festem Sauerteig. Dazwischen liegen aber noch einige weitere Stufen:
Fester Sauerteig mit 45 % Wasseranteil
Fester Sauerteig → 60 %
Weicher Sauerteig → 80 %
Cremiger Sauerteig → 100 %
Flüssiger Sauerteig → 150 %
(mit Weizenvollkorn- oder Roggenmehl bis zu 200 %)

Grundsätzlich gilt: Je flüssiger ein Sauerteig ist, desto schneller die Reifung und umso milder die Säure. Umgekehrt: Je fester ein Sauerteig ist, desto langsamer und säurebetonter die Reifung. Die Konsistenz eines Sauerteigs hat so auch Einfluss auf Geschmack und Textur des fertigen Brotes.

Andere Fermente

Es gibt Fermente aus Kartoffeln, Rosinenwasser, Milch …
Fermente sind multikulinarisch und multikulturell. Jede Region, jedes Land hat seine eigene Art der Ferment-Herstellung, oftmals mit sehr landestypischen Zutaten. In Marokko werden Fermente aus Datteln oder Knoblauch angesetzt. In Mexiko ist es nicht ungewöhnlich, dass Lebensmittel mit Ananaswasser zur Gärung gebracht werden. Kurzum, jedes Ferment hat seine Geschichte und seine geografische und historische Tradition.
Sobald man das Prinzip des klassischen Brotsauerteigs verstanden hat, kann man mit unterschiedlichsten Mehlsorten, Schüttflüssigkeiten und Konsistenzen experimentieren. Es ist ein spannendes Thema, das einen rund um den Globus führen kann.

Im Mikrokosmos - Grundkurs Biochemie

Die Geschichte des Lebens

An Sauerteig lässt sich ein Lebenszyklus sehr gut veranschaulichen. Zum Brotbacken muss ein Sauerteig hochaktiv, also auf dem Höhepunkt seiner Leistungsfähigkeit sein. Aber wie kommt er dorthin?
Sauerteig ist ein kompletter Mikrokosmos, ein kleines Universum, das von lebenden Organismen (Bakterien und wilden Hefen) bevölkert wird, die sich von dem ernähren, was ihre Umwelt vorhält.
Beim Auffrischen wird ein Anstellgut mit organischem Material gefüttert. Bei ihrem Stoffwechsel produzieren Bakterien und Hefen als Nebenprodukt Kohlenstoffdioxid (CO_2), das erkennt man an den Gasbläschen, außerdem geht das Anstellgut auf. Wenn die Mehl-Wasser-Mahlzeit nach einer gewissen Zeit aufgefuttert ist, fällt der Sauerteig wieder zusammen. Merke: Die Mikroorganismen brauchen neue Nahrung, um gesund und stark zu bleiben. Der Kreislauf beginnt von Neuem.
Das ist die Kurzversion. Jetzt tauchen wir ein in die Welt des unendlich Kleinen, um zu erklären, wie man von Punkt A (einer Mischung aus Wasser und Mehl) zu Punkt B (einem aktiven Sauerteig) kommt. Hier wird deutlich, dass der Prozess geordneter abläuft, als es scheint.

SCOBY

Sauerteig ist das Ergebnis einer Symbiose, dem friedlichen, produktiven Zusammenwirken von bestimmten Mikroorganismen, in unserem Fall Milchsäurebakterien (MSB) und wilden Hefen. Auf Englisch nennt man das eine SCOBY (Symbiotic Colony of Bacterias and Yeasts) und man bezeichnet so allerlei Starterkulturen (Essig- oder Kombucha-Mutter, Kefirkulturen u. a.), mit denen Lebensmittel versetzt werden.
Die Ökosysteme von Starterkulturen sind zwar sehr unterschiedlich, aber allen gemeinsam ist, dass sie mehrheitlich aus MSB (auch Lactobazillen) und Hefen bestehen.

Never change a winning team!

Im Biotop Sauerteig arbeiten Bakterien und Hefen sehr erfolgreich zusammen. Sie haben zwar einen je eigenen Stoffwechsel, von dem die andere Partei jedoch profitiert.
Die MSB produzieren Milch- und Essigsäure und sorgen so für ein saures Milieu. Für die Triebkraft sind vorwiegend die wilden Hefen verantwortlich, weil sie bei ihrem Stoffwechsel Kohlenstoffdioxid produzieren. Bei der Heranzucht eines Sauerteigs entwickeln und vermehren sich die Mikroorganismen proportional und beeinflussen so den Charakter des Sauerteigs (Gärungsquotient), sein Aroma und noch andere Eigenschaften.

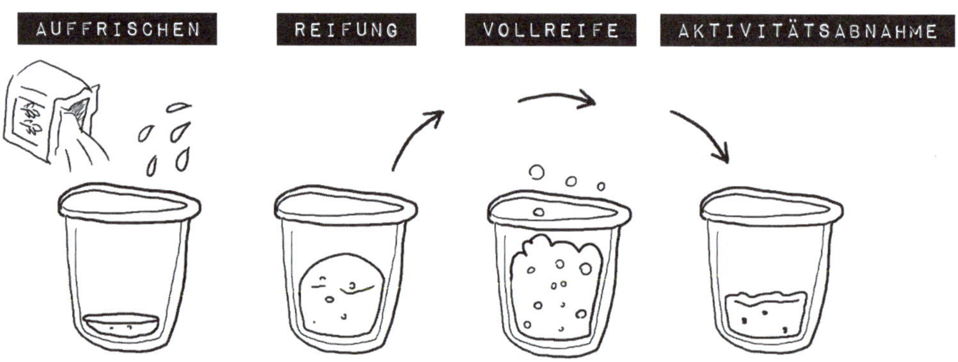

Biodiversität und Population

Im Biotop Sauerteig konnten rund um den Globus rund 50 verschiedene MSB-Stämme entdeckt werden (vor allem *Lactobacillus* und *Leuconostoc*) und über 25 Hefestämme (wie *Candida* und *Saccharomyces*).
Vielfalt und Zusammensetzung variieren von Sauerteig zu Sauerteig und hängen von folgenden Variablen ab:
1. Nahrung (Anbaumethode, Sorte, Type und Nährstoffgehalt des Getreides/Mehls, Wasseranteil und -qualität etc.),
2. äußeren Bedingungen (Umgebungs- und Wassertemperatur, Anzahl und Frequenz der Auffrischungen etc.),
3. Umgebung (Arbeitsbereich, Geografie, Luftverschmutzungsgrad, Höhe etc.).

In einem frisch herangezüchteten, traditionellen Sauerteig stammt die mikrobielle Flora zum Großteil aus dem verwendeten Mehl, in dem neben diversen Bakterien auch viele MSB, Schimmelpilze und wilde Hefen enthalten sind. Nach und nach gewinnen die MSB die Oberhand und drängen die Kollegen zurück. Auch die Hefen vermehren sich, aber nicht so rasant. Schließlich ist also der Anteil der MSB wesentlich größer als der der Hefen. In einem Vollsauer finden sich beispielsweise eine Milliarde MSB pro Gramm und „nur" zehn Millionen Hefezellen; es gibt also 100-mal mehr MSB. Klar also, wer hier das Sagen hat, oder?

Let's go to San Francisco

Die bekanntesten MSB sind *Lactobacillus sanfranciscensis, L. brevis* und *L. pantarum* – nur so zur Info.
Faszinierend aber ist, dass einer der ersten Sauerteige, die mikrobiologisch untersucht wurden, von einer aus dem Baskenland nach Kalifornien ausgewanderten Familie stammt, und dass dieser Sauerteig immer noch lebt und in der Bäckerei Boudin am Pier 39 in San Francisco für die Herstellung des „San Francisco French Bread" genutzt wird!

Das MSB, das für die Säuerung dieses speziellen Sauerteigs verantwortlich ist, wurde 1971 entdeckt und ist nach seiner Heimat benannt: *Lactobacillus sanfranciscensis,* wenngleich es in vielen Regionen weltweit vorkommt.

Bäckerhefe

Man könnte meinen, dass es zwischen Natursauerteig und Bäckerhefe keine Gemeinsamkeit gibt. Stimmt aber nicht, die Verbindung heißt *Saccharomyce cerevisiae.* Dieser Hefestamm ist neben anderen wilden Hefen in allen Sauerteigen enthalten und gleichzeitig der einzige Akteur in der Bäckerhefe, wo er quasi den Alleinunterhalter mimt.

Dieser sehr robuste Stamm sorgt in einem Hefeteig für einen schnellen und gleichmäßigen Trieb, ist aber ein geschmackloser Performer (bitte im Wortsinn verstehen), dessen einzige Begabung die Produktion von CO_2 ist. Bildlich gesprochen ist die *Saccharomyce*-Hefe eine einzelne Blume, während Sauerteig ein ganzer bunter Blumenstrauß ist. Nimm's mir nicht übel, Saccho!

Enzyme als Katalysatoren

Diese mikroskopisch kleine Welt ist schon sehr interessant. Was machen also nun all die Bakterien und Hefen den lieben langen Tag? Nun, wie alle Lebewesen ernähren sie sich, streben an, sich zu vermehren, und tragen durch ihren Stoffwechsel zur Enzymaktivierung bei. Enzyme (= Ferment) sind Großmoleküle, die in der Lage sind, organisches Material umzuwandeln oder aufzuspalten, und als Katalysatoren, als Beschleuniger für biochemische Reaktionen zu agieren.

Ihre Namen setzen sich aus dem Molekül, um das sie sich kümmern, und der Endung *-ase* zusammen. Zu den im Brotteig aktiven Enzymen gehören beispielsweise:

- Amylasen, die Stärkemoleküle in einfache Zucker aufspalten,
- Proteasen, die Proteine umwandeln, also am Abbau von Klebereiweiß (Gluten) mitwirken (siehe auch Seite 48) oder auch
- Phytasen, die Phytinsäure (im Getreidekorn enthalten) umwandeln und abbauen.

Durch die enzymatische Aktivität während der Reifung wird Materie (hier: Brotteig) also auf mikrobiologischer Ebene transformiert.

Stärke und Amylolyse

Amylo... was? Die Endung *-lyse* weist immer auf einen Umwandlungs- oder Abbauprozess hin, *Amylo-* bezieht sich auf Stärke (Amylum). Es handelt sich also um einen enzymatischen Stärkeabbau durch das Enzym Amylase. Stärke ist ein Mehrfachzucker (Polysaccharid) und einer der Hauptbestandteile von Mehl. Sobald ein Teig zur Reifung gestellt wird, setzt eine Amylolyse ein und löst damit eine Art Dominoeffekt aus:

1. Stärke wird durch Amylase zu Maltose (Zweifachzucker) abgebaut.
2. Maltose wird durch Maltase in Glukose (Einfachzucker) umgewandelt.
3. Glukose wird durch Zymase in Alkohol und Kohlendioxid (CO_2) aufgespalten.
Ergebnis: Es entstehen Blasen im Teig!

Kopf- oder Herznote?

Die Hefen ihrerseits produzieren andere aromatische Verbindungen wie Ester, Alkohole und Aldehyde (die man auch in der Parfümerie einsetzt). Diese Aromamoleküle sind neben den Milch- und Essigsäuren der Bakterien für die verschiedenen Aromaprofile von Sauerteigen verantwortlich, die natürlich auch im fertigen Brot enthalten sind. Der Charakter des Brotes ist also vom Aromacocktail der Bakterien und Hefen abhängig. In verschiedensten Brotsorten wurden bereits über 500 volatile (flüchtige) Aromaverbindungen ermittelt, von denen aber nur ein Bruchteil für unsere Nase wahrnehmbar ist. Ein Großteil der Aromen stammt von alkoholischen Verbindungen, die sich beim Backen verflüchtigen, während andere sich dabei erst entfalten.
Je nach Reifung, Sauerteig (milch- oder essigsäurebetont) und Mehlsorte(n) entwickeln sich Röst-, Vanille- und Nussaromen, Säure- oder Bananennoten – kurz: ein breites Aroma- und Geschmacksspektrum!

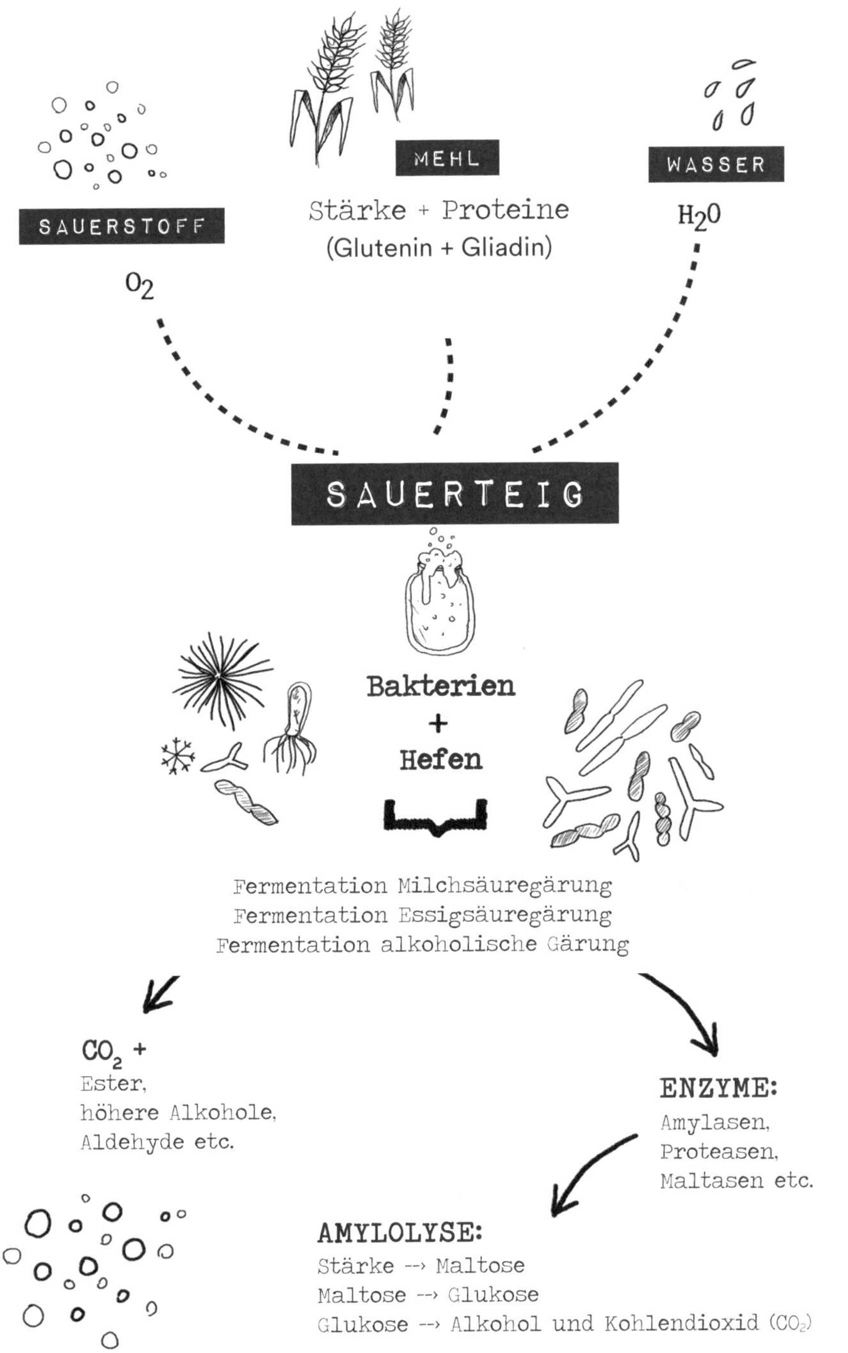

Biochemische Reaktionen in und durch Sauerteig

In 6 Tagen zum Sauerteig! Meine todsichere Methode

Es gibt viele mehr oder weniger effektive Methoden, die alle zum selben Ziel führen: zur Milchsäuregärung. Die folgende Methode habe ich entwickelt, nachdem ich mich mit langwierigen und rohstoffintensiven Verfahren herumgeschlagen hatte, die so mühsam und unberechenbar waren, dass ich mein Vorhaben, eigenen Sauerteig herzustellen, mehrmals frustriert aufgeben wollte. Irgendwann habe ich einen neuen Ansatz ausprobiert, der auf meinen Erfahrungen – und damit auch auf meinen Fehlschlägen und Beobachtungen – basierte und schließlich erfolgreich war.

In der Küche lege ich Wert auf Einfachheit und meide allzu aufwendige Arbeitsschritte. Sauerteig ist doch eigentlich nur eine einfache Mehl-Wasser-Mischung, die früher von jeder Hausherrin gepflegt wurde, und selbst die Typen am Yukon haben im größten Goldrausch noch daran gedacht, ihn zu pflegen (siehe Seite 39). Warum sollte es heute viel komplizierter sein?

Die Vorteile dieser Methode

- sparsamer Materialeinsatz
- Spontangärung (ohne Honig, Rosinenwasser o. Ä.)
- flexibel
- Arbeit mit kleinen Mengen
- einsatzbereites Ergebnis

Zutaten und Material

- Behälter mit Deckel
- Teigschaber
- Küchenwaage
- Bio-Weizenmehl Type 1050
- Bio-Roggenmehl Type 1370
- etwa 400 ml Wasser, gefiltert oder aus der Flasche

Tag 1

100 ml Wasser + 30 g Roggenmehl + 35 g Weizenmehl in den Behälter geben und glatt verrühren. Den Deckel auflegen und 12 oder 24 Stunden bei Raumtemperatur stehen lassen.

Tag 2

Den Deckel abnehmen. Den Teig mit dem Teigschaber kurz und kräftig rühren, um ihn zu lüften. Das war's. Den Deckel wieder auflegen und den Ansatz 12 oder 24 Stunden stehen lassen.

Tag 3 (wie Tag 1)

100 ml Wasser + 30 g Roggenmehl + 35 g Weizenmehl in den Teig rühren, bis er wieder glatt ist. Den Deckel auflegen und den Ansatz weitere 12 oder 24 Stunden reifen lassen.

Tag 4 (wie Tag 2)

Den Deckel abnehmen und den Teig mit dem Teigschaber kurz und kräftig rühren, um ihn zu lüften. Den Deckel wieder auflegen und den Ansatz weitere 12 oder 24 Stunden stehen lassen.

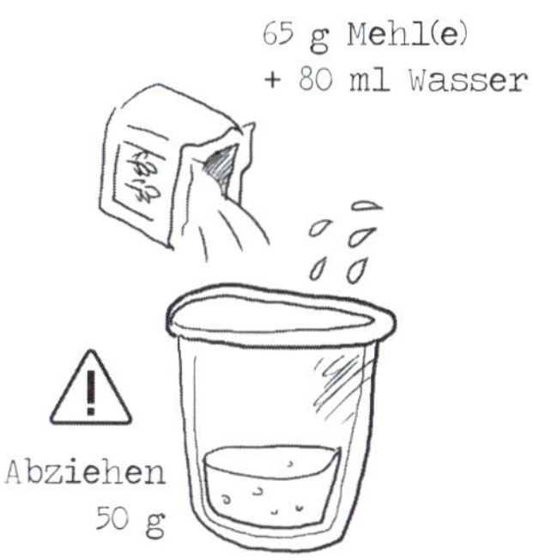

Tag 5

50 g Sauerteig abnehmen (Sauerteigreste für andere Rezepte verwenden, siehe Kapitel „Die Überraschenden", oder in einem Glas im Kühlschrank sammeln). 80 ml Wasser + 30 g Roggenmehl + 35 g Weizenmehl in den verbleibenden Ansatz rühren, bis der Teig wieder glatt ist. Den Deckel auflegen und weitere 12 oder 24 Stunden reifen lassen.

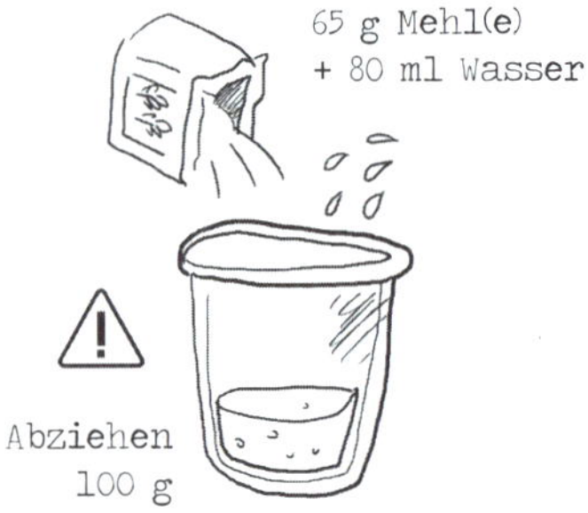

Tag 6

100 g Sauerteig abnehmen (siehe Anmerkung bei Tag 5). 80 ml Wasser + 30 g Roggenmehl + 60 g Weizenmehl in den verbleibenden Ansatz rühren, bis der Teig wieder glatt ist. Den Deckel auflegen und bis zum Abend reifen lassen.

Am Abend oder 12 Stunden später

Den Sauerteig beobachten: Er sollte schön angesprungen sein. Ob er schon seine volle Triebkraft entwickelt hat, lässt sich durch eine Schwimmprobe prüfen. Dazu 1 TL Sauerteig abnehmen und in ein Glas Wasser geben. Falls er an der Oberfläche schwimmt, ist er fertig!

Und wenn nicht: Die Schritte von Tag 6 noch einmal durchführen, bis der Sauerteig sein „Seepferdchen" schafft.

GUT ZU WISSEN

- Bei dieser Methode ist das Einrühren von Luft ein wichtiger Schritt. Dadurch findet ein Austausch zwischen den Mikroorganismen (insbesondere Hefen) im Sauerteigansatz und aus der Umgebungsluft statt, was wesentlich dazu beiträgt, dass der Sauerteig anspringt und die Gärung voranschreitet.
- Damit die Gärung in Gang gesetzt wird und voranschreitet, sollte die Umgebungstemperatur bei 20–25 °C liegen.
- Die verwendeten Mehle sollten Bio-Qualität haben, da diese in der Regel enzymreicher sind.

Und dann?

Was macht man damit?

Wenn man erst einmal einen Sauerteig herangezüchtet hat, sollte man ihn auch regelmäßig pflegen und auffrischen, damit die Mühe nicht umsonst war. Und es ist wirklich nicht schwer, hier eine Routine zu etablieren, versprochen.
Wenn Sie einen Sauerteig nach meiner Methode herangezüchtet haben, stehen Sie nach Tag 6 mit knapp 500 g Sauerteig da – das ist viel zu viel, um regelmäßig aufgefrischt zu werden. Deshalb schlage ich vor, die Menge drastisch zu reduzieren. Nehmen Sie also 450 g ab und pflegen nur 50 g weiter. Mit der größeren Menge können Sie direkt die vielen tollen Rezepte aus diesem Buch ausprobieren.

Fürs Auffrischen lautet die Formel 1:1:1, also: 50 g Anstellgut + 50 g Mehl + 50 ml Wasser = 150 g aktiver, vollreifer Sauerteig (siehe auch FAQ, Seite 30). Davon wird jeden Tag die zum Brotbacken benötigte Menge, meist 100 g abgenommen, die restlichen 50 g werden als Anstellgut weiter gepflegt und aufgefrischt.

Kühlen oder nicht?

Auch wenn die Versuchung groß ist, rate ich davon ab, jungen Sauerteig in den Kühlschrank zu stellen, weil er noch nicht robust genug für den Temperaturabfall ist und wahrscheinlich schnell an Triebkraft verliert. Es dauert dann länger, um ihn nach dem Kühlschrankaufenthalt wieder aufzupäppeln. Entscheidend ist natürlich auch, wie häufig Brot gebacken wird. Wenn Sie alle zwei bis drei Tage ein Sauerteigbrot in Arbeit haben, können Sie das Anstellgut problemlos bei Raumtemperatur stehen lassen. Hier fühlt es sich sehr wohl und wird bald zu einem vertrauten Küchenmitbewohner. Bei einer Kühlschranklagerung wird die Flora des Anstellguts stark geschwächt; das sollte deshalb möglichst vermieden werden. Wenn Sie einen Sauerteig heranzüchten, müssen Sie sich im Klaren darüber sein, dass Sie sich danach darum kümmern müssen. Sauerteig ist wie ein Haustier, das regelmäßig Aufmerksamkeit und Futter verlangt, um gesund und munter zu bleiben, und wenn Sie ihn gut behandeln, wird er es Ihnen mit tollen Backergebnissen danken.

Auffrischen

Wenn Anstellgut nicht im Kühlschrank gelagert wird, sollte es jeden Tag mit einer kleinen Mahlzeit bei Laune gehalten werden. Machen Sie aus dem Auffrischen einfach eine Routine wie Zähneputzen. Ich selbst erledige die Aufgabe, die mich gerade mal zwei Minuten kostet, nach meiner ersten Tasse Kaffee am Morgen.
Manchmal setze ich mein Anstellgut auch bewusst ein oder zwei Tage auf Diät, was

auch nicht schlimm ist, und füttere es dann wie gewohnt weiter, damit es, wenn ich backen will, seine volle Triebkraft entwickelt hat.

„Was soll ich mit den ganzen Anstellgutresten anfangen?“, fragen Sie sich jetzt vielleicht. Der Sauerteig, der vor jedem Auffrischen abgenommen wird, hält sich, gesammelt in einem Schraubglas, ein paar Wochen im Kühlschrank und kann für einige Rezepte in diesem Buch verwendet werden.
Mehr über Anstellgutreste, siehe letzte Hinweise, Seite 61.

Manche mögen's warm

Eine der häufigsten Ursachen, weshalb Sauerteig nicht so richtig in Gang kommt, ist fehlende Wärme.
Im Sommer treibt das warme Wetter die Reifung ordentlich voran (manchmal auch zu sehr). Im Winter kann es aber vorkommen, dass die Umgebung nicht warm genug für eine günstige Entwicklung des Sauerteigs ist. Hefen und Bakterien fühlen sich bei Temperaturen zwischen 20 und 25 °C besonders wohl und vermehren sich fleißig. Stellen Sie das Anstellgut also an ein entsprechend kuscheliges Plätzchen (in den Hauswirtschaftsraum, neben den Router, auf den Kaffeevollautomaten o. Ä.). Das Glas auf eine Heizung zu stellen ist hingegen meist keine gute Idee, denn hier kann es den Mikroorganismen deutlich zu heiß werden.

Ich will kein Brot backen

Mir ist schon klar, dass nicht jeder jeden Tag Brot backt. Dennoch muss die Aktivität des Anstellguts aufrechterhalten werden. Deshalb ist die Auffrischroutine so wichtig.
Ich frische mein Anstellgut (fast) jeden Tag auf. Dafür nehme ich so viel Sauerteig ab, dass 30 bis 50 g übrig bleiben. Den abgenommenen Teil verwende ich für ein Brotrezept oder sammle ihn (dann im Kühlschrank) in einem Schraubglas für die Herstellung von Pfannkuchen, Plätzchen oder Kuchen.
Nur wenn ich weiß, dass ich in den nächsten Tagen oder nur einmal pro Woche Brot backe, stelle ich mein Anstellgut auf Vorrat in den Kühlschrank.

Meine Kühlschrankmethode für Anstellgut

Bevor ich mein Anstellgut für längere Zeit im Kühlschrank lagere, frische ich es noch mal auf. Das Fassungsvermögen des Glases sollte so groß sein, dass es fast bis zum Rand gefüllt ist. Dann schraube ich es gut zu und stelle es in den Kühlschrank. Auf diese Weise entsteht eine (fast) anaerobe Umgebung, die neben der Kühlschrankkälte den Reifungsprozess deutlich verlangsamt, aber nicht komplett abwürgt.

Und dann?

Bevor ich ein Brot backen will, nehme ich das Anstellgut rechtzeitig, sprich zwei Tage vorher, wieder aus dem Kühlschrank, um es zu reaktivieren. Dazu frische ich es an beiden Tagen, einmal morgens und einmal abends, auf. Aber immer nur eine kleine Portion.

Sauerteig trocknen

Um eine letzte Reserve für den Notfall zu haben, kann man Sauerteig auch ganz einfach trocknen. Wenn ein Sauerteig seine maximale Reife hat, verstreiche ich ihn mit einer Palette dünn und gleichmäßig auf einem Bogen Backpapier, das ich zur besseren Handhabung auf ein großes Schneidebrett oder Backblech lege, und lasse ihn an der Luft trocknen, was je nach Umgebungstemperatur zwischen einem und zwei Tagen dauert. Wenn er komplett durchgetrocknet ist, breche ich ihn in kleine Stücke, die ich in ein Schraubglas brösele. Das Glas wird dann luftdicht verschraubt und ins Gewürzregal gestellt.

Und dann?
Zur Wiederbelebung von getrocknetem Sauerteig 20 g Brösel abwiegen und mit 20 ml lauwarmem Wasser (30 °C) verrühren, bis sie durchfeuchtet sind. Nach ein paar Stunden die Mischung wie gewohnt mit 20 ml Wasser und 20 g Mehl auffrischen. Nach 12 Stunden die Hälfte abnehmen und erneut auffrischen.

Vorübergehende Trennung

Natürlich müssen Sie Ihr Anstellgut nicht mitnehmen, wenn Sie mal ein paar Tage verreist sind. Ein wenig Abstand tut schließlich jeder Beziehung gut. Lagern Sie das Anstellgut einfach, wie oben beschrieben, im Kühlschrank. Wenn Sie Hermann aber doch mitnehmen wollen, sollten Sie auf ein paar Sachen achten, da der Gute etwas empfindlich auf Bewegungen und Temperaturschwankungen reagiert.

Bei einer Flugreise wird er im Handgepäck wie jede andere Flüssigkeit behandelt, weshalb Sie die zulässigen Höchstmengen (meist 100 ml) der Fluggesellschaften beachten sollten, ansonsten wird er am Security-Check einkassiert. Das wäre doch schade. Zu berücksichtigen ist außerdem, dass durch den Luftdruck und die Bewegungen im Flieger die Gäraktivität erhöht wird.

Für kürzere Strecken im Zug oder Auto kann der Sauerteig in einem dicht verschlossenen Schraubglas in einer Plastiktüte transportiert werden. Alternativen wären sehr fester, zu einer Kugel geformter, vakuumierter oder getrockneter Sauerteig.

FAQ

In meiner Sauerteig-Community tauchen einige Fragen immer wieder auf. Das ist gut, denn Fragen zu stellen hilft, zu verstehen und sich zu verbessern. Die häufigsten habe ich hier zusammengefasst.

• Wie lange dauert es, bis ein Sauerteig einsatzfähig ist?

Ein Sauerteig ist theoretisch nach 6 bis 8 Tagen bereit. So lange brauchen die Bakterien- und Hefekulturen, bis sie ein stabiles Milieu geschaffen haben. Der Sauerteig ist dann zwar noch sehr jung, kann aber sofort verwendet werden. Ich schlage die 6-Tage-Methode vor (Seite 22–24). Es kann aber auch sein, dass ein Sauerteig erst ein bis zwei Tage später einsatzfähig ist. Wichtig sind liebevolle Pflege und genaue Beobachtung (Schwimmtest).

• In meinem Sauerteig haben sich ab dem zweiten/dritten Tag Blasen gebildet, dann ist er aber zusammengefallen und bildet jetzt gar keine Blasen mehr.

Keine Panik! Das ist durchaus normal. Beim Ansetzen durchläuft der Sauerteig mehrere Phasen. Es muss sich eine stabile Kultur aufbauen, die in den ersten Tagen hauptsächlich von einem Bakterienstamm dominiert wird, der dann abstirbt und Platz für andere macht. Dabei kann der Sauerteig wieder einsinken, was aber nicht von Dauer ist. Den Ansatz gemäß Anleitung bis zum sechsten Tag füttern.

• Was mach ich mit fertigem Sauerteigansatz?

Ähm, vielleicht ein Brot backen?
Es ist erstaunlich, aber es gibt tatsächlich Leute, die viel Energie in die Anzucht ihres Sauerteigs stecken und ihn dann, wenn er fertig ist, in den Kühlschrank stellen und so tun, als sei das Projekt hiermit abgeschlossen. Am besten ist es, den Sauerteig zu verbacken, sobald er fertig gereift ist, ihn aber mindestens 6 Stunden vor dem Backen noch einmal aufzufrischen.

• Kann man Sauerteig im Kühlschrank aufbewahren?

Klar! Dadurch wird er in eine Art Winterruhe versetzt. Bei niedrigen Temperaturen werden die Mikroorganismen träge und fressen und vermehren sich nur noch ganz langsam.

• Wie lange kann man Sauerteig im Kühlschrank lassen?

Sauerteig, oder besser gesagt, Anstellgut, hält sich im Kühlschrank recht lange, vielleicht ein paar Wochen oder sogar Monate, vorausgesetzt er wird immer noch regelmäßig (etwa alle zwei Wochen) aufgefrischt.

• Wie wird Anstellgut aus dem Kühlschrank verwendet?

Das Anstellgut aus dem Kühlschrank nehmen und wieder zimmerwarm werden lassen. Dann wie gewohnt etwa zwei Tage regelmäßig auffrischen, bis er wieder voll aktiv ist.

• Kann man Sauerteig einfrieren?

Davon rate ich unbedingt ab. Der Temperaturschock ist zu groß, sodass ein Großteil der Mikroorganismen abstirbt und nicht wiederbelebt werden kann.

• Kann man Sauerteig trocknen?

Ja. Es ist eine super Methode zur langfristigen Sauerteigsicherung (siehe Seite 28), auch wenn dabei bestimmte Bakterien und Hefen verloren gehen.

• Was bedeutet 1:1:1, 1:5:5 etc.?

Solchen Formeln begegnet man häufig in Sauerteigrezepten, sei es im Netz oder in Büchern. Dabei handelt es sich um das Verhältnis, mit dem ein Anstellgut aufgefrischt wird. Die erste Ziffer bezieht sich auf den Anteil des aufzufrischenden Anstellguts (in g), die zweite auf die Mehlmenge (in g) und die dritte auf die Wassermenge (ebenfalls in g bzw. ml; das macht bei Wasser keinen Unterschied).

Eine 1:3:3-Auffrischung bedeutet beispielsweise: 1 Teil Anstellgut + 3 Teile Mehl + 3 Teile Wasser

• In welchem Verhältnis soll ich mein Anstellgut auffrischen?

Das hängt davon ab, wie flüssig bzw. fest der Sauerteig werden soll. Wenn er flüssiger sein soll, wird mehr Wasser als Mehl zugefügt. Wenn er fester sein soll, wird mehr Mehl als Wasser zugegeben. Man kann sein Anstellgut mit ungleichen Anteilen Wasser bzw. Mehl auffrischen.
Ich persönlich frische mein Anstellgut ganz oft im Verhältnis 1:2:2 auf – also 1 Teil Anstellgut, 2 Teile Mehl, 2 Teile Wasser –, weil ich lieber mit eher cremigem Sauerteig arbeite. Die gleichen Anteile Wasser und Mehl sorgen dafür, dass der Sauerteig die Konsistenz von Waffelteig hat. Der Anteil von Wasser und Mehl muss zusammen immer mindestens so hoch wie der des aufzufrischenden Anstellguts sein (2:1:1, siehe Sumoringer-Regel, Seite 16).

• Kann man auch mal ein anderes Mehl zum Auffrischen verwenden?

Man kann. Ich rate allerdings davon ab, es zu häufig zu tun, weil dadurch das Gleichgewicht zwischen Hefen und Bakterien gestört werden kann. Mehlsorten haben nicht alle die gleichen Eigenschaften (siehe Seite 50/51) und es kann (zu) anstrengend für einen Sauerteig sein, mit immer neuen Mikroorganismen im Mehl zurechtzukommen. Ein Sauerteig ist ein Gewohnheitstier und mag abwechslungsreiche Kost nicht besonders.

• Mein Sauerteig riecht arg …

Das ist ein gutes Zeichen. Bei der Gärung entsteht ein feinsäuerlicher Geruch, der an überreifes Obst erinnert, der sich mit zunehmender Reifung allerdings noch verändert. Wenn der Sauerteig zu streng oder fast stechend nach Essig riecht, ist es allerhöchste Zeit für eine Auffrischung, denn er braucht dringend etwas zu futtern. Er wird es Ihnen auch geruchstechnisch danken.

• Warum riecht mein Sauerteig nach saurer Milch?

Das ist in den ersten Tagen normal, denn der Gärprozess setzt mit der Arbeit von milchsäurebildenden (homofermentativen) Milchsäurebakterien ein – daher auch der Geruch nach Sauermilch. Nach einigen Tagen gesellen sich immer mehr essigsäurebildende (heterofermentative) Milchsäurebakterien dazu. Die heterofermentativen Bakterien bilden ebenso wie die Hefen Gärgase (wenngleich in geringerem Umfang), die für den Trieb sorgen. Je höher der Anteil dieser sogenannten Essigsäurebakterien, desto eher riecht der Sauerteig nach Essig.

• Mein Sauerteig sieht tot aus. Ist er hinüber?

Das ist die 100.000-Euro-Frage, die mir am häufigsten gestellt wird.
Sauerteig ist ziemlich zäh und nicht so leicht totzukriegen. Wenn er nicht anspringt, schlapp aussieht oder ziemlich komisch riecht, gibt es einen Grund dafür (siehe Seite 34/35). Sauerteig kann aufgrund von kühlen Temperaturen oder wenig Nahrung in einen Dornröschenschlaf sinken. Durch eine zweitägige Auffrischungskur morgens und abends (also insgesamt vier Auffrischungen) mit Roggenmehl und Wasser sollte er wieder aufblühen.

• Auf meinem Sauerteig hat sich eine Flüssigkeit abgesetzt.

Bei Kühlschranklagerung kann sich an der Oberfläche des Sauerteigs sogenannter Fusel absetzen. Das ist nicht weiter schlimm. Das Anstellgut ist nicht todkrank, sondern „nur" hungrig. Den Fusel abgießen und das Anstellgut wie gewohnt auffrischen. Manche Bäcker rühren den Fusel wieder in den Sauerteig. Ich mache das nie, weil der Fusel manchmal sehr sauer und alkoholisch riechen kann.

• Auf meinem Sauerteig hat sich eine fiese schwarze Schicht gebildet.

Dabei handelt es sich um einen Schimmelpilz, der auf den hübschen Namen *Rhizopus nigricans* hört. Er ist nicht giftig, aber auch nicht besonders appetitlich.
Dieser Schimmelpilz kann sich bilden, wenn Anstellgut wirklich sehr lange im Kühlschrank vernachlässigt wurde. Man kann den Sauerteig, der sich unter der Schicht befindet, wieder aktivieren. Besser ist es jedoch, den ganzen Sauerteig zu entsorgen (z. B. auf dem Kompost), um jedes gesundheitliche Risiko zu vermeiden.

• Wie hoch ist das Risiko, dass das Anstellgut im Kühlschrank schimmelt?

Bei einem aktiven Sauerteig sehr, sehr gering, weil Sauerteig ein saures Milieu bietet, das ungebetene Gäste – hier: Schimmelpilze – erfolgreich fernhält.
Allerdings sollte bei Kühlschranklagerung darauf geachtet werden, dass das Anstellgut nicht mit überreifem Obst oder anderen verschimmelten Lebensmitteln in Berührung kommt, da das saure Milieu des Sauerteigs im Laufe der Zeit abnimmt und fremde Keime sich durch Kreuzkontamination dann doch einnisten können.

• Was bedeuten „endogen" und „exogen"?

Ein klassischer Sauerteig besteht nur aus Wasser und Mehl. Er enthält ausschließlich natürliche Fermente, die an den Getreidekörnern anhaften oder sich in der Luft befinden (endogen = von innen heraus).
Wenn es sich um zusätzliche, zugesetzte Fermente handelt, die von einem anderen organischen Material stammen, wie Honig, Rosinenwasser etc., spricht man von exogenen Fermenten (exogen = von außen nach innen wirkend).

IST MEIN SAUERTEIG IN FORM?

SOS SCHLAPPER SAUERTEIG

JA

NEIN

Es bilden sich keine Blasen. Er springt nicht an.

Er ist schwach auf der Lunge.

LÖSUNG:

Mehrmals (1-3 Mal am Tag) kleine Mengen auffrischen

Mit etwas Roggenmehl boostern

Es setzt sich eine Flüssigkeit ab.

Er steht schon länger im Kühlschrank.

NEIN JA

Zu wenig Mehl.

LÖSUNG:

Mit mehr Mehl und weniger Wasser auffrischen

Er riecht stark nach Essig.

Er hat Hunger.

LÖSUNG:

Mehrmals auffrischen

Oben hat sich Schimmel gebildet.

Er ist kontaminiert.

LÖSUNG:

Schimmel entfernen. Gesunden Sauerteig darunter mehrmals auffrischen ODER im Zweifelsfall entsorgen.

SCHON BESSER?

JAU NÖ

Ihm ist kalt.

LÖSUNG:

Wärmer halten (siehe Seite 27)

Ich habe ihn vor dem Brotbacken mindestens einmal aufgefrischt.

JA NEIN

Ich frische ihn auf, damit ich von meiner Seite alles gegeben habe.

Mein Anstellgut ist voll aktiv!
Ich backe ein Brot!

10 Gründe, warum der Sauerteig nicht gelingt

1. UNGEEIGNETE ZUTATEN

Ein natürlicher Sauerteig besteht aus exakt zwei Zutaten: Mehl und Wasser. Deshalb ist die Wahl eines hochwertigen Mehls und die Verwendung von sauberem Wasser entscheidend, um den Gärprozess in Gang zu setzen bzw. aktiv zu halten, an dessen Ende ein vitaler Sauerteig entsteht.

- **Wasser**

Leitungswasser mit Chlor- oder sonstigen Zusätzen oder besonders hartes, also kalkhaltiges Wasser können die mikrobielle Entwicklung beeinträchtigen. Erkundigen Sie sich also bei Ihrem Wasserversorgunger nach der Qualität Ihres Leitungswassers. Bei Bedarf kann das Wasser gefiltert oder „dekantiert" werden (etwa 4 Stunden in einem Messbecher abstehen lassen, damit eventuelle Chlorzusätze verdunsten).

Meine Empfehlung: gefiltertes Wasser oder stilles Mineralwasser aus der Flasche.

- **Mehl**

Mehle in Bio-Qualität sind in der Regel enzymreicher und sollten deshalb bevorzugt werden (weitere Ausführungen dazu auf Seite 62). Ein Sauerteig kann mit Weizen-, Roggen- oder Dinkelmehl angesetzt werden, aber auch Reismehl funktioniert. Je höher die Typenzahl (also je höher der Schalenanteil), desto besser springt der Sauerteig an.

Meine Empfehlung: Erst einmal Roggenmehl verwenden, da es einen höheren Anteil an löslichen Zuckern, Mineralien und Enzymen hat. Das lieben Hefen und Bakterien besonders und sorgen so für eine schnelle, stabile Gärung.

2. ZU STARK VERARBEITETES MEHL

Ein Sauerteig sollte nach Möglichkeit nicht mit zu hellem Mehl angesetzt werden; mit Weizenmehl Type 405 oder 550 wird es echt schwierig. Bakterien und Hefen brauchen Nährstoffe, um aktiv zu werden, und die sind nun mal in Weißmehl kaum vorhanden, da es ausschließlich aus dem Mehlkörper des Getreides besteht und wenig Enzyme enthält, die oft im Keimling und in der Kleie stecken. Bei Weizen- oder Dinkelmehl sollte mindestens Type 1050 verwendet werden. Allerdings bleibt der Sauerteig auch damit eher verhalten und ist schwerer zu pflegen.

Meine Empfehlung: Roggenmehl – ein echtes Sauerteig-Powerfood! Je höher die Typenzahl (beziehungsweise grobkörniger), desto besser. Mischen Sie also wenigstens ein bisschen Roggenmehl unter Weizen- oder Dinkelmehl. Sobald der Sauerteig gut angesprungen ist, können Sie auf weniger vollwertige Mehle (Type 812 oder 1050) zurückgreifen.

3. FALSCHES MENGENVERHÄLTNIS

Im Allgemeinen besteht ein klassischer (cremiger) Sauerteig zu je 50 % aus Wasser und Mehl. Soll der Sauerteig flüssiger werden, kann der Wasseranteil auf bis zu 200 % erhöht werden. Für einen festen Sauerteig kann der Wasseranteil auf bis zu 30 % reduziert werden.

Meine Empfehlung: Wenn Sie ein Rezept nachbacken, halten Sie sich von Anfang bis Ende genau an die Mengenangaben.

4. ANSTELLGUT NICHT AUSREICHEND AUFGEFRISCHT

Wenn Sie dem Anstellgut zu lange keine Beachtung schenken, wird es bockig. Ab etwa drei Tagen ohne frisches Futter stellen Bakterien und Hefen nach und nach ihr Wachstum ein und sterben irgendwann den Hungertod. Deshalb möglichst jeden Tag auffrischen!

Meine Booster-Methode mit drei Auffrischungen:
Für 50 g Anstellgut
Morgens 20 g Mehl und 20 ml Wasser unterrühren.
Mittags 40 g Anstellgut abnehmen und wieder mit 20 g Mehl und 20 ml Wasser mischen.
Am Abend wiederholen.
Nach diesen drei Auffrischungen sollte der Sauerteig wie neu und super triebstark sein!

Meine Empfehlung: Bei einer Lagerung von Anstellgut bei Raumtemperatur täglich füttern. Ansonsten ab damit in den Kühlschrank, wo die mikrobielle Aktivität deutlich verlangsamt wird (auch Anstellgut hat ein Recht auf Auszeiten). Vor dem Brotbacken muss das Anstellgut allerdings wieder wach geküsst werden. Zur Kühlschranklagerung von Anstellgut und die anschließende Reaktivierung vor dem Brotbacken, siehe Seite 27.

5. REZEPTE KOMBINIEREN

Also, die verstörendste Frage, die mir gestellt werden kann, ist: „Warum springt mein Sauerteig nicht an? Ich habe mit deiner Methode angefangen. Aber dann hat 'ne Freundin gesagt, dass ... Und meine Großmutter hat gemeint ... Also hab ich eine Dattel dazugegeben und gewartet und dann ..."

Meine Empfehlung: Einfach mal den gesunden Menschenverstand nutzen.

6. UTENSILIEN AUS METALL

Auch wenn es sich nicht wissenschaftlich belegen lässt, scheint Metall für den Gärprozess nicht so gut geeignet zu sein wie Küchengerätschaften aus Holz, Glas oder Kunststoff.

Meine Empfehlung: Nichtmetallische Materialien wie Keramik, Glas, Holz etc. verwenden.

7. DEM ANSTELLGUT IST (ZU) KALT

Ein sehr wichtiger Faktor für einen triebstarken Sauerteig ist die Temperatur. Wenn ein Sauerteig träge ist und trotz regelmäßiger Auffrischungen, hochwertiger Zutaten und liebevoller Zuwendungen nur schwer anspringt, ist ihm schlichtweg zu kalt. Wenn es draußen warm ist, stellt sich die Frage nicht, im Sommer ist ein Sauerteig ohnehin viel aktiver (es sei denn, er steht in der prallen Sonne). Aber bei kühleren Temperaturen muss man ihm auf die Sprünge helfen.

Meine Empfehlung: In Heizungs*nähe*, im Heizungskeller, neben dem Router, im vorgeheizten, aber ausgeschalteten Ofen, unter dem Bauch des Stubentigers (ha-ha), in einer gebastelten Thermokammer aus Styropor ... irgendwo in Ihrer Wohnung gibt es bestimmt ein kuschelig warmes Plätzchen, an dem sich der Sauerteig wohlfühlt. Ich persönlich stelle ihn auf meinem Küchenheizkörper auf Stufe 3 (mittel), nicht höher, da sonst die Gefahr besteht, dass er überhitzt.

8. ANSTELLGUT IST NICHT REIF GENUG ZUM BROTBACKEN

Geduld, Geduld, Geduld.
Es bringt nichts, einen Sauerteig zu verwenden, der ganz offensichtlich noch nicht reif ist. Das Brot kann nur enttäuschen und das

Ganze ist dann nur Zeit-, Energie- und Rohstoffverschwendung.
Es ist besser, noch einen oder zwei Tage zu warten, bis der Sauerteig vollreif ist, statt einen zu jungen Sauerteig mit zu wenig Triebkraft zu verwenden. Das Brot soll schließlich nicht als Frisbee-Scheibe aus dem Ofen kommen.

Meine Empfehlung: Vor dem Brotbacken das Anstellgut dreimal auffrischen, siehe Punkt 4.

9. MEINE KÜCHE IST ZU SAUBER

Das ist ein Problem, auf das man nicht ohne Weiteres kommt. Aber Sauerteig, der nun mal aus Bakterien und Hefen besteht, kann in einer übersauberen, sterilisierten Umgebung kaum funktionieren. Wenn ich von „Bakterien" spreche, meine ich natürlich die guten, die in/auf unserem Körper und in unserer Umgebung leben.
Die Verwendung von scharfen, antibakteriellen Putz- und Reinigungsmitteln oder auch Raumsprays stehen der Kultivierung eines Sauerteigs oder anderer Fermente entgegen. Diese superaggressiven Produkte töten quasi alle Bakterien ab, also auch solche, die zum Gelingen eines Sauerteigs beitragen. Logisch, oder?
Achtung: Sauber ist nicht gleich steril! Ein Raum kann sauber sein, ohne sterilisiert zu sein. Beim Putzen gelangen immer auch Putzmittelpartikel in die Luft. Kein Wunder also, dass ein Sauerteig bei zu vielen Putzmittelpartikeln in der Luft nicht anspringt.

Meine Empfehlung: Es gibt genügend milde, „gesunde" Reinigungsmittel, die super funktionieren, aber nicht antiseptisch wirken, etwa Soda oder Essig.

10. KEINE ZEIT, KEINE GEDULD, KEINE LUST

Einen Sauerteig heranzuzüchten und zu pflegen und dann Brot damit zu backen ist eine schöne Beschäftigung, die jedoch regelmäßigen Einsatz verlangt. Man muss also Lust haben, sich darauf einzulassen und dranzubleiben, auch ohne Lockdown. Sauerteig ist ein lebender Organismus, der alles mitkriegt, bis hin zu unseren Emotionen, davon bin ich überzeugt. Wenn Sie nicht motiviert sind, ist es Hermann auch nicht.

Meine Empfehlung: Motivation für die Sache an sich und Engagement aufspüren und lebendig halten.

Eine kleine Geschichte des Sauerteigs

Ungeklärte Herkunft

Wie der französische Pharmazeut und Agrarwissenschaftler Antoine Augustin Parmentier in seinem Werk *Theoretische und Practische Abhandlung über die Cultur des Getreides, und die Kunst Brot zu machen* konstatierte, liegen die Ursprünge des Bäckerhandwerks weitgehend im Dunkeln. Das gilt insbesondere auch für die Entdeckung des Sauerteigs. Es ist nicht bekannt, ob der erste Sauerteig durch Spontangärung eines Mehl- oder Getreidebreis oder durch exogene Fermentation (mit einem zugesetzten Enzym, wie Obst oder anderem pflanzlichen Material) entstand. Ebenso wie die Nutzung des Feuers ist auch die Teiggärung mit Sauerteig völlig empirisch, das heißt, sie entstand durch Beobachten und Experimentieren.

Die ältesten Funde von Weizenarten stammen aus dem Neolithikum, also vor über 10.000 Jahren. Zunächst wurden Getreidekörner ebenso wie andere pflanzliche Kost als Ganzes roh gegessen. Irgendwann kam ein Pfiffikus darauf, dass man die Körner statt mit den Zähnen mit einem Mörser oder Mahlstein zerkleinern könnte, und nach dem Vorbild des Einspeichelns der Körner im Mund wurden sie mit Wasser eingeweicht. Irgendwann hat man sie wohl auch am Rand des Feuers erhitzt, bis sie wie Popcorn aufplatzten und vom den harten Spelzen befreit wurden.
Getreidebreie, ob aus Mais, Weizen, Hirse, Buchweizen, Hafer etc., die schon lange auf der ganzen Welt bekannt waren, wurden auf heißen Steinen am Rand der Feuerstelle verstrichen und zu Fladenbroten gebacken, die im Laufe der Zeit durch geformte und im Ofen gebackene Brotlaibe ersetzt wurden.

Prima Klima

Gärprozesse laufen bei höheren Temperaturen sehr viel schneller ab, was die Annahme stützt, dass gesäuertes Brot aus klimatisch wärmeren Regionen stammt. So wissen wir aus diversen Quellen, dass es schon im alten Ägypten ein Bäckerhandwerk gab. Die Ägypter hatten die Angewohnheit, ein bierähnliches, fermentiertes Getränk zuzubereiten, das so nahrhaft war, dass sie es während ihrer harten Arbeit literweise tranken. Brot mit diesem fermentierten Getränk zu backen, war dann nur eine logische Folge, die durch die Entdeckung früher Darstellungen aus dem Alten Reich bestätigt wird. Eventuell wurde ein Getreidebrei in der Nähe einer Wärmequelle vergessen, sodass er durch die Gärung aufging und so zum ersten Sauerteigbrot führte.

Resilienz und Resistenz

Hat sich ein Sauerteig einmal entwickelt, ist er sehr robust. Er kann lange in einem Schlummerzustand überdauern, wie das außergewöhnliche Experiment des Physikers Seamus Blackley (Funfact: Erfinder der Xbox) belegt. Unterstützt von einer Ägyptologin und einem Mikrobiologen gelang es ihm 2019, Brot mit einem Sauerteig zu backen, dessen Spuren auf 4500 Jahre alten ägyptischen Krügen entdeckt wurden! Diese Krüge, die heute im Museum of Fine Arts in Boston konserviert werden, dienten zur Zeit des Baus der Pyramide von Gizeh zur Teigreifung. Blackley beließ es nicht bei der biochemischen Analyse der Teigspuren. Er behielt einen Teil davon, um herauszufinden, ob sich dieser jahrtausendealte Sauerteig aktivieren ließe. Wie groß war seine Überraschung, als er es mittels Hydratisierungen, Auffrischungen mit Mehl, das weitgehend dem üblichen Mehl zu Pharaonenzeiten entsprach, UV-Licht und diversen anderen Maßnahmen schaffte, ein Brot damit zu backen!
Abgesehen davon, dass es gelungen war, geringe Spuren ägyptischen Sauerteigs

wiederzubeleben, war vor allem der Geschmack des Brotes interessant, der ganz anders war als heute – wesentlich süßer und komplexer – und so einen Eindruck der damaligen Zeit vermittelt, die sich sprichwörtlich in die Töpferwaren eingebrannt hat. Die Gefäße waren ihrerseits ein Produkt des ägyptischen Bodens zu jener Zeit, außerdem der Hefen und Bakterien in der Umgebungsluft und auf den Händen der Menschen, die das Brot zubereiteten. Dieses 2019 hergestellte Brot enthielt also DNA-Spuren jener längst vergangenen Epoche. Wenn Sie also glauben, ihr Anstellgut sei tot, erinnern Sie sich zuerst an diese verblüffende Geschichte.

Auf nach Europa

Nach Ansicht Parmentiers wurde die Backkunst zunächst von den alten Griechen, dann von den Römern weiter perfektioniert. Die Römer holten Bäcker aus Athen, die ihnen die Kunst des Brotbackens beibrachten, wie sie sie selbst von den Hebräern und den Arabern gelernt hatten. Laut Plinius dem Älteren sollen Griechen und Römer ein Triebmittel auf der Basis von Traubenmost entdeckt haben, das allerdings nur während der relativ kurzen Zeit der Weinlese zur Verfügung stand. Durch Versuch und Irrtum wurde so der Hefestamm *Saccharomyce cerevisiae* (Bäckerhefe) entdeckt, der auf Weintraubenschalen vorkommt. Außerhalb der Weinlesezeit wurde hauptsächlich ein Triebmittel aus Hirse genutzt.

Bis zum 18. Jahrhundert bestand Sauerteig aus einem gekochten und anschließend vergorenen Mehlbrei, der dann in den Brotteig eingearbeitet wurde. Während die Kelten schon die Bierhefe aus ihren Gärtanks sammelten, entdeckten die Holländer um 1780, dass Bierhefe auch zum Backen verwendet werden konnte. Knapp 100 Jahre später, um 1867, wurde in Österreich eine Methode zur industriellen Produktion einer hochwertigen Bäckerhefe entwickelt.

Mit Hefe und Sauerteig geführte Brote haben also sehr lange friedlich parallel existiert, bis die Hefebrote irgendwann die Oberhand gewannen.

San Francisco und der Goldrausch

Erinnern sie sich noch an den *Lactobacillus sanfranciscensis,* den ich bereits auf Seite 19 erwähnt habe? 1849 wanderte also dieser französische Bäcker Isidore Boudin nach San Francisco aus, wo er feststellte, dass die Luft der Stadt für einen ganz besonderen Sauerteig sorgt. Das Schicksal wollte es, dass zu jener Zeit auch immer mehr Goldsucher nach San Francisco kamen. Das Brot aus der Boudin Bakery erfreute sich bald großer Beliebtheit, und jeden Morgen war der Laden voll mit Minenarbeitern, die sich vor Arbeitsbeginn in den Claims ein anständiges Frühstück gönnten. Gegen Ende des 19. Jahrhunderts, während des zweiten Goldrausches in Alaska, wurden die Minenarbeiter sogar als *sourdoughs* (englisch für „Sauerteig“) bezeichnet, weil sie sich angewöhnt hatten, Sauerteig selbst anzusetzen und zu pflegen, indem sie ihn nahe am Körper trugen, damit er vor Kälte geschützt war! Man stelle sich diese knallharten Jungs vor, wie sie in arktischer Kälte ihren Sauerteig auffrischen und dann Brot damit backten.

Schleichender Niedergang

Damals, als in jedem Haushalt eigenes Brot gebacken wurde, hatte auch jeder sein eigenes Anstellgut, und es war Tradition, der Tochter bei der Hochzeit etwas davon zu schenken, um damit fortan Brote für ihre eigene Familie backen zu können. Im Laufe des 17. Jahrhunderts wurde Hefe als Triebmittel neu entdeckt, die zunächst in Kombination mit Sauerteig und später als alleiniges Triebmittel eingesetzt wurde.
Heute ist Backhefe sehr weit verbreitet, zumal sie für die Brotherstellung wesentlich schneller einsatzfähig und effektiver ist. Da die

Teigführung mit Sauerteig vielfach als unberechenbar, umständlich und zeitraubend galt, wurde Sauerteig nach und nach verdrängt, bis er fast in Vergessenheit geriet.

Pasteur und die Hygiene

Bis zum 20. Jahrhundert wusste man nicht, dass der menschliche Körper von über hunderttausend Milliarden Mikroorganismen besiedelt ist. Dieses Mikrobiom bildet einen großen Teil unseres Immunsystems.

Durch die Entdeckung der Bakterien, Pilze und anderer Mikroorganismen durch Louis Pasteur Ende des 19. Jahrhunderts wurden Mikroben in der allgemeinen Vorstellung die einzige Ursache für Krankheiten und Tod. In der Bevölkerung machte sich eine Paranoia breit und die Hygiene hielt Einzug, die sich bis zu unserem heutigen Sauberkeitswahn entwickelte. Dazu gehörte auch, dass man nicht mehr viel von Vorgängen wissen wollte, die durch Mikroorganismen ausgelöst werden, wie Gärung, Fermentation, Abhängen (von Fleisch), Mazeration. So kam auch die Teigführung mit Sauerteig aus der Mode – dieses sonderbare, wilde Triebmittel, das aus unendlich vielen Mikroorganismen besteht. Bäckerhefe, die stabiler und verlässlicher war, und schließlich auch Backpulver wurden als Teiglockerungsmittel beliebter.

Backpulver, das Ende des 19. Jahrhunderts von Eben Norton Horsford, einem Schüler von Justus von Liebig, erfunden wurde, stand für Fortschritt und Zeitgewinn. Es wird im Labor hergestellt und enthält eine basische und eine saure Komponente, die beim Backen den Trieb bewirken. Der Weg war frei für das superfixe Sodabrot und andere schnell zuzubereitende Brote und Brötchen (etwa Scones).

Wiederentdeckung

Im letzten Jahrhundert gab es ziemlich viele Entdeckungen und Entwicklungen rund um die Teigführung (mit Bäckerhefe), die vom Bäckerhandwerk gern aufgegriffen wurden, um den Konsumentenwünschen und -ansprüchen gerecht zu werden. Schließlich wollten wir zu jeder Tageszeit frische Backwaren in großer Auswahl. Brotteig musste also in wenigen Stunden fertig sein, schön aussehen und gut schmecken. Allerdings war solch ein Brot nicht lange haltbar. Also wurden Enzyme und Stabilisatoren hinzugefügt, um dieses Problem zu beheben, und alle waren zufrieden … na ja, fast alle. Nach mehreren Jahrzehnten, in denen Hefe (aka *Saccharomyce cerevisiae*) bei der Brotherstellung dominierte, ist mittlerweile eine Rückbesinnung auf die gute alte Sauerteigbäckerei zu beobachten. Verbraucher wünschen sich rustikalere, handwerklich produzierte Brote, die schmecken, sättigen und bekömmlicher als Industrieware sind (siehe auch Seite 49).

Bäcker, die (wieder) mit Sauerteig arbeiten und Brotteig langsam reifen lassen, machen sich einen Namen. Land-, Bio- und Hofbäcker verfolgen einen ganzheitlichen Ansatz und bauen ihr eigenes Getreide an, das sie dann vermahlen und zu Brot verarbeiten. Die Rückkehr des Sauerteigs ist überall zu beobachten, ist ein veritabler Trend. Das Zeitmanagement der Reife- und Backprozesse sowie die Abhängigkeit von der Vitalität des Sauerteigs ist nicht ohne Risiko und hält mitunter dem hohen Produktions- und Lieferdruck nicht stand. Nicht nur das Brotbacken muss neu gedacht werden, sondern auch das Konsumverhalten: Der Verbraucher wird zum Marktakteur. Wie ist sonst ist das Verhalten vieler Menschen während der Lockdowns zu beurteilen, als sich viele an selbst gebackenem (Sauerteig-)Brot versuchten? Alles hat also auch seine guten Seiten, und die langen Wochen, in denen wir alle zu Hause hocken mussten, haben den besonderen Stellenwert von Brot unterstrichen.

Sauerteig menschelt sehr

Wenn wir über Sauerteig sprechen, werden häufig anthropomorphe Begriffe verwendet. „Anthropomorph“ bedeutet, dass Tieren und Dingen menschliche Reaktionen und Eigenschaften zugeschrieben werden. Beispielsweise sagen wir über Sauerteig, dass er fit, schlapp oder schwach ist, jung oder alt, reif oder launisch. Manchmal bezeichne ich ihn auch als zickig oder komplett durchgeknallt. Das Verhalten eines Sauerteigs lässt sich durchaus mit einem menschlichen Lebenszyklus vergleichen, beispielsweise wird er groß und stark, wenn er ausreichend gefüttert wird, bis er seine maximale (Trieb-)Kraft erreicht. Wenn die mikrobielle Aktivität wieder sinkt, fällt die Leistungskurve ab; der Sauerteig wird immer schwächer – bis er das nächste Mal gefüttert wird.

LOVE ME TENDER

Pablo, Ronald, Sidonie, Hermann oder wie auch immer – Sauerteige erhalten gern einen Kosenamen, der ihn liebenswert und vertraut macht. Sehr schnell entsteht eine echte Beziehung zwischen Mensch und Sauerteig, die für beide Seiten von Vorteil ist: Der Mensch gibt dem Sauerteig beim Auffrischen Nahrung; der Sauerteig treibt das Brot an, das wiederum dem Menschen als Nahrung dient. So baut sich eine gesunde, innige Beziehung auf (mit den üblichen Höhen und Tiefen, versteht sich).

BIODIVERSITÄT UND DNA

Auf dieses Thema komme ich immer wieder in meinem Podcast „Böser Sauerteig“ zu sprechen: Mein Sauerteig ist nicht mit Ihrem Sauerteig identisch. Es gibt so viele Sauerteige wie Menschen, die sich darum kümmern. Sauerteig braucht eine Basis, aus der er sich entwickelt: Mehl und Wasser. So weit, so gut. Daneben gibt es eine weitere, für das Auge nicht sichtbare „Zutat“, durch die die Gärung überhaupt erst in Gang kommt: Luft und damit auch oxidative Prozesse. Würden wir die Luft an unserem Wohnort analysieren, käme heraus, dass die biologische Zusammensetzung nie gleich ist. Luftfeuchtigkeit, Höhe, Temperatur, Klimazone und Luftverschmutzung sind Faktoren, die die Biodiversität der Umgebungsluft maßgeblich beeinflussen. Man könnte sagen, dass sich ein Sauerteig, wenn er beim Auffrischen mit der Umgebungsluft in Kontakt kommt, an seine Umwelt anpasst. Die Mikroorganismen im Sauerteig atmen die gleiche Luft wie wir. Als weiteren Faktor könnte man die mikrobielle Population auf unseren Händen und in unserem Atem, die sehr individuellen DNA-Moleküle, die sich auf jedem Millimeter unserer Haut befinden, hinzunehmen. Sie ahnen, worauf ich hinauswill? Unser Sauerteig passt sich auch uns an und ist, weil er immer wieder ein paar Moleküle unserer DNA aufnimmt, ein Teil von uns!

STIMMUNGSBAROMETER

Ich würde sogar so weit gehen, dass ein Sauerteig als lebender Organismus nicht nur von seiner Umwelt geprägt ist, sondern auch Emotionen und die psychische Verfasstheit der Pflegeperson aufnimmt. Ich habe schon beobachtet, dass mein Sauerteig auch bockig ist, wenn ich verstimmt bin, sodass sich tatsächlich die Frage stellt, ob Sauerteig empathisch ist. Durch Beobachtung und Erfahrung kann man auf seinen Sauerteig eingehen und ihn entsprechend beeinflussen. **Ein Tipp:** Behalten Sie Ihren Sauerteig und nicht die Uhr im Blick. Wenn Sie feststellen, dass er schlapp ist, vertrauen Sie auf Ihren Instinkt. Riechen Sie am Sauerteig, wechseln Sie Behälter und Standort und beobachten Sie ihn weiterhin. So wissen Sie ganz intuitiv, was ihm guttut.

SAUERTEIG

Die Vorteile von Sauerteig

Sauerteig ist ein echtes Manna, das einen Ehrenplatz in der Brot- sowie in der Feinbäckerei verdient! Er sorgt nicht nur für Triebkraft und komplexe Aromen, sondern macht Backwaren auch bekömmlicher.

A. SENSORISCHE EIGENSCHAFTEN

1. Geschmacksverstärker

Sauerteigbrot ist geschmacklich unverkennbar. Es hat eine feine Säure und ein typisches, komplexes Aromaprofil mit typischen Kopf- und Herznoten sowie einem charakteristischen Abgang.

Und wem haben wir das zu verdanken? Natürlich unserem Freund, dem Sauerteig. Er ist ein fantastischer Geschmacksverstärker! Grund dafür ist, dass ein Sauerteig eine dreifache Gärung durchläuft (Milchsäure-, Essigsäure- und alkoholische Gärung), in deren Folge vielfältige flüchtige aromatische Verbindungen entstehen (siehe Seite 20). Im Gegensatz dazu erfolgt bei der Hefegärung lediglich eine alkoholische Gärung, mehr nicht.

Mit seinem besonderen Aromaprofil nimmt Sauerteig eine ganz besondere Stellung in der Backwelt ein. Sauerteigbrot ist eben eine Liga für sich, vergleichbar mit den Grands Crus in der Weinwelt. Wussten Sie, dass sich die Aromen in einem Sauerteigbrot auch mehrere Tage nach dem Backen noch weiterentwickeln? Machen Sie den Test: Sie werden feststellen, dass sich die Brotaromen mit jedem Tag ein wenig verändern und übrigens in Verbindung mit anderen fermentierten Produkten, wie Kaffee, Wein, Käse, Miso oder Kakao, noch besser zur Geltung kommen, aber auch mit komplementären Aromen wie beispielsweise in Honig oder Zimt.
In der Feinbäckerei wirkt die Zugabe einer kleinen Menge Sauerteig wie die Prise Salz und sorgt für das gewisse Etwas. Schon mal Sauerteig-Brownies probiert? Na, dann aber schnell (siehe Rezept Seite 140).

2. Textur

Sauerteigbrot ist gut an der charakteristischen, eher unregelmäßigen Porung der Krume zu erkennen. Wenn ich einen Laib durchschneide, schau ich mir immer gern die Spuren der Gärung an: die Luftblasen (Alveolen), die durch das Erstarren des Klebergerüstes beim Backen im Teig eingeschlossen werden. Oft bilden die Alveolen ein nach oben strebendes Muster, das viel darüber aussagt, wie der Brotteig aufgearbeitet wurde.
Bei der Kruste sorgt Sauerteig für eine typische, ausgeprägte Rösche. Die Kruste ist eher kräftig und bräunt schön, was auf die

Maillard-Reaktion (die Bräunungsreaktion beim Backen, bei der Aminverbindungen an der Laiboberfläche umgewandelt werden) zurückzuführen ist. Wie bereits erwähnt, wird bei der Sauerteigführung Stärke (komplexe Zucker) durch Amylolyse in Einfachzucker (Malz) abgebaut, die eine stärkere Karamellisierung (Maltodextrinisierung) erlauben. Der Geschmack der Kruste ist also genauso interessant wie der der Krume.

In der Feinbäckerei entsteht durch die Zugabe von Sauerteig ein saures Milieu, das in Verbindung mit alkalischem Backpulver wahre Wunder bewirkt. Die biochemischen Reaktionen beim Backen sorgen für eine besonders weiche, saftige Teigtextur. Ich habe es schon häufig festgestellt (und Sie werden es bestätigen können), insbesondere bei Lebkuchen, aber auch bei Rührteigen.

3. Haltbarkeit

Ein sauerteiggeführtes Brot hält sich bei korrekter Lagerung eine Woche oder sogar länger. Der Grund dafür liegt in der Fähigkeit der Mikroorganismen, Wasser zu binden, weshalb das Brot nicht so schnell austrocknet und altbacken schmeckt. Auch die Kruste wirkt wie ein natürlicher Schutzschild und verhindert, dass das Brot allzu schnell austrocknet.

Erklärung zu altbackenem Brot:
Dass Brot trocken wird, liegt zum einen am Feuchtigkeitsverlust nach dem Backen durch Verdunstung und zum anderen an der sogenannten Retrogradation (Entquellung) der im Brotteig enthaltenen Stärke. Die halb kristallinen, recht stabilen Stärkemoleküle werden im Kontakt mit Wasser und beim Backen destabilisiert und sorgen so für eine frische, saftige Krume. Wenn danach beim Abkühlen und durch die Lagerung weiteres Wasser entweicht, erholen sich die Stärkemoleküle und werden wieder stabiler – die Krume wird zunehmend trockener und fester.

B. GESUNDHEITLICHE VORTEILE

1. Bessere Glutenverträglichkeit

Gluten wird durch Sauerteig viel bekömmlicher. Die Gründe dafür sind

- das Enzym Amylase, durch die Mehrfachzucker in einfache Zucker umwandelt werden;
- das Enzym Protease, das man sich wie eine Schere vorstellen kann, die Proteinketten in kurze Stücke schneidet und so leichter verdaulich macht. Auf diese Weise sind die für Verdauungsstörungen verantwortlichen langen Proteinketten im Sauerteigbrot – schnipp, schnapp – unschädlich gemacht;
- das Enzym Phytase, das die Phytin(säure) in der Getreideschale der Körner abbaut.

All diese Reaktionen können nur bei einer langsamen Milchsäuregärung stattfinden, wie sie bei sauerteiggeführten Broten erfolgt. Wem das zu kompliziert ist, kann sich einen Pac-Man vorstellen, der eine Kraftpille geschluckt hat und nun selbst die Gespenster verfolgen kann. Amylasen, Proteasen und Phytasen agieren wie Pac-Men, die sich durch das 3-D-Glutennetz arbeiten und das Brot auf ein besseres Level bringen.

Das bedeutet allerdings nicht, dass Sauerteigbrot glutenfrei ist! Das Gluten ist immer noch vorhanden, aber in einer wesentlich günstigeren Form: teilweise abgebaut und leichter verdaulich. Ich habe sehr viele Erfahrungsberichte von Menschen erhalten, die unter glutenbedingten Beschwerden leiden (Blähungen, Durchfall, Bauchschmerzen etc.) und bestätigen, dass ihnen Sauerteigbrot keine Probleme bereitet. Natürlich sollte man nicht gleich ein ganzes Brot in sich hineinstopfen, aber ein, zwei Scheiben pro Tag, vielleicht aus nicht ganz so glutenreichen Mehlsorten wie Dinkel oder Einkorn, können bei einer Allergie oder einer Sensitivität unproblematisch sein.

2. Abbau von Phytinsäure

Dieses Phänomen ist besonders interessant für alle, die Vollkornbrot lieben. Phytinsäure speichert wichtige Mineralien, die der Getreidekeimling zum Wachsen braucht. Im menschlichen Körper hemmt die Säure jedoch die Freisetzung von Mineralien und Vitaminen, indem sie diese Stoffe bindet und Verdauungsenzyme blockiert – was total kontraproduktiv ist, weil wir Vollkorn- und Körnerbrot unter anderem deshalb essen, weil es gesünder sein soll!
Zum Glück aber räumt unser Freund Hermann ganz entspannt mit der Phytinsäure auf.
Nach sechs Stunden Reifezeit ist die Phytinsäure abgebaut und die Mineralien sind freigesetzt – durch Phytase. Das Ergebnis: Alle wertvollen Inhaltstoffe, die das Korn zu bieten hat, können vom Körper verwertet werden – ohne schädliche Nebenwirkungen.

3. Probiotika und Vitamine

Durch die Milchsäuregärung (Laktofermentation) erhält ein Brotteig zusätzliche Vitamine und Aminosäuren. Die wirkt wie ein Upcycling: eine attraktivere Version des alten Ich!
Wie bereits beschrieben, besteht ein Sauerteig im Wesentlichen aus probiotischen Milchsäurebakterien. Natürlich sterben die meisten dieser Probiotika beim Backen den Hitzetod. Aber ihre Spuren bleiben im Brot erhalten. Auch hier gilt der alte Spruch „Man ist, was man isst“, und ein Brot, das mithilfe von lebenden Organismen zubereitet wurde, hat eine andere Wirkung auf den Organismus als ein industriell gefertigtes, hefegeführtes Brot.

4. Geringer glykämischer Index.

Sauerteig senkt den glykämischen Index (GI) des Brotes. Die Bakterien im Sauerteig ernähren sich von Stärke und bauen sie ab. Zwar wird dadurch nicht der Energiegehalt (Kalorien) reduziert, doch der zerlegte Zucker wird vom Körper wesentlich langsamer und kontinuierlicher aufgenommen.
Zum Vergleich: Ein mit Hefe hergestelltes Baguette hat einen GI von rund 95 (auf einer Skala von 0 bis 100). Das entspricht etwa 20 Zuckerwürfeln … Man stelle sich den dadurch verursachten Insulinschock vor! Klar, dass man danach schlapp ist und nach kurzer Zeit schon wieder Hunger hat! Der GI von Sauerteigbrot hingegen liegt bei etwa 45, was als gering gilt und für eine lang andauernde, gleichmäßig Bereitstellung von Energie im Organismus sorgt. Außerdem stellt sich beim Kauen von Sauerteigbrot schneller ein Sättigungsgefühl ein.

Was ist Gluten?

Stabiles Netzwerk

Um eines klarzustellen: Mehl enthält kein Gluten. Mehl kann also nicht glutenhaltig sein. Korrekt ist vielmehr, dass Mehl Gluten bildet. Getreidemehle enthalten bestimmte Proteine, die im Kontakt mit einer Flüssigkeit ein dreidimensionales Gerüst bilden: das berühmte Glutennetzwerk (oder: Klebergerüst).

Wie viel Gluten gebildet wird, hängt also von der Menge dieser speziellen Proteine (auch Klebereiweiße genannt) in dem verwendeten Mehl ab. Diese Proteine werden in zwei Gruppen unterteilt – Gliadin und Glutenin – und sind in der Regel zu gleichen Teilen im Mehl vorhanden. Sobald sie hydratisiert werden, verketten sie sich zu einem stabilen Gerüst, in dem eingeknetete Luft und Gärgase eingeschlossen werden.

Ohne Gluten kein Gerüst.
Ohne Gerüst kein Trieb.

Im Allgemeinen gilt: Mit hellerem Mehl lassen sich voluminösere, luftigere Brote zubereiten als mit Vollkornmehl, das Kleie und Keimling enthält und deren Enzyme die Glutenbildung stören und den Aufbau eines stabilen Klebergerüstes behindern. (Pseudo-)Getreide, das zwar reichlich Proteine enthält, aber eben keine Gluten bildenden, kann demzufolge auch überhaupt kein Glutennetz aufbauen.

Werfen Sie bei glutenfreien Broten aus dem Supermarkt einen Blick auf die Zutatenliste. Die meisten enthalten Verdickungsmittel und Stabilisatoren wie Xanthan, Guarkernmehl oder Hydroxypropylmethylcellulose (HPMC), die für eine einigermaßen luftige Brottextur und eine weiche Krume sorgen.

Und wo ist das Problem?

Seit Jahren sind immer mehr Leute davon überzeugt, unter einer Glutenunverträglichkeit zu leiden, und entsprechend findet man in den Supermärkten immer mehr glutenfreie Produkte.
Meine niederschmetternde Hypothese lautet: Es ist nicht das Gluten, das Probleme bereitet. Schuld daran ist das mehr oder minder industriell hergestellte Brot, das durch den enormen Zeit- und Kostendruck nach wenigen Stunden und allzeit frisch aus dem Ofen geholt werden kann. Das geht natürlich nur mit moderner Zuchthefe und diversen (nicht deklarationspflichtigen) Zusatzstoffen – und das ist schlecht! Durch die schnelle Teigführung können die verdauungsstörenden Proteine nicht bzw. nur unzureichend abgebaut werden.
Die Folge: Das Brot ist nicht gut bekömmlich. Die Proteine gelangen in größeren Ketten in den Verdauungstrakt, wo sie Blähungen, Durchfall und anderen Beschwerden auslösen können.

Und die Lösung?

Eine lange Teigführung, insbesondere mit Sauerteig! Im Gegensatz zur schnellen, modernen Brotteigführung findet in einem sauerteiggeführten Teig eine hohe Enzymaktivität statt, durch die fast alle Proteine und damit auch die Klebereiweiße abgebaut werden. Verantwortlich dafür sind die Proteasen. Diese für die Aufspaltung und den Abbau der Proteine zuständige Spezialeinsatztruppe erledigt für uns die beschwerliche Arbeit der Proteinverdauung, sodass wir unser (selbst gebackenes) Sauerteigbrot einfach nur genießen dürfen und keine Komplikationen befürchten müssen.

Nur gute Zutaten

Um einen Sauerteig heranzuzüchten, braucht es exakt zwei Zutaten: Mehl und Wasser. Sauerteig ist ein lebender Organismus, der, um gedeihen zu können, möglichst hochwertige Nahrung benötigt. Mit einem selbst angesetzten Sauerteig versorgen Sie Ihren Körper mit einem gesunden probiotischen Produkt, das nicht nur gut schmeckt, sondern auch gut für die Verdauung ist. Die Wahl der Rohstoffe ist daher von entscheidender Bedeutung; sie bilden die Grundlage für alles Weitere.

MEHL

• Mikrobiom

Beim Thema Mehl muss ich zuerst die wichtige Frage nach seinem Mikrobiom anschneiden. Ja, auch Mehl hat ein Mikrobiom, genau wie wir! Das heißt, es ist wie der menschliche Körper von in Symbiose lebenden Mikroorganismen besiedelt und besteht hauptsächlich aus Bakterien, wilden Hefen und Pilzsporen, die hauptsächlich auf und in der Schale des Korns zu finden sind und sich in den verschiedenen Stadien des Korns bzw. des Mehls entwickeln – vom Wachstum des Korns über die Ernte bis zum Mahlen und zum Abfüllen in Säcke.

• Keine Pestizide bitte!

Damit ein Sauerteig auch wirklich gut gelingt, rate ich dringend zu Biomehl, und zwar nicht nur aus Umweltschutzgründen. Wir sind uns doch wohl einig, dass Ihr Sauerteig keine Giftbrühe werden soll! Auch wenn sich Pestizidrückstände vor allem auf den Spelzen und den äußeren Kornschichten ansammeln, lassen sie sich natürlich auch nach dem Mahlen im Mehl nachweisen.

Zweitens: Die Endung -zid leitet sich ab vom lateinischen cidere („töten"). Egal ob es sich also um Insektizide, Fungizide, Herbizide handelt – Pestizide töten Leben ab und schwächen deshalb auch nützliche Mikroorganismen im und auf dem Getreide. Das sind keine guten Voraussetzungen für unseren Sauerteig.

• Alte Sorten

Mit dem Boom der Hobby- und Sauerteigbäckerei steigt auch das Interesse und die Nachfrage nach alten Getreidesorten. Der Wunsch, gutes, gesundes Brot zu backen, führt natürlich auch dazu, dass die Zutaten mehr Aufmerksamkeit bekommen. Statt der modernen, auf hohe Erträge und Robustheit gezüchteten Hybridsorten werden historische Getreidesorten direkt vom Landwirt vermehrt und gezüchtet.

Alte Sorten verfügen über eine große genetische Vielfalt und passen sich an ihre Umgebung an. Ob rot, weiß, blau und schwarz – alte Getreidesorten zeigen Farbe ... und Größe! Einige Sorten erreichen eine Wuchshöhe von bis zu 1,80 m und bilden einen starken Kontrast zu den üblichen, gleichförmigen Feldern rechts und links der Landstraßen. Getreide wird vom Menschen seit seiner Sesshaftwerdung im Neolithikum vor über 10.000 Jahren angebaut. Aber erst in den 1950er-Jahren wurden die ersten hybriden Sorten zur Steigerung der Rentabilität und Ertragssicherheit gezüchtet. Grob gesagt waren also noch vor einem dreiviertel Jahrhundert alle Getreidesorten alte Landsorten. Erstaunlich, oder?

Ich rate unbedingt, diese sehr interessanten Sorten auszuprobieren. Sie sorgen nicht nur für tollen Geschmack und nuancierte Aromen, sondern enthalten auch mehr wertvolle Nährstoffe. Dinkel hat sich zum Glück bereits bestens etabliert. Aber probieren Sie auch einmal Einkorn, Emmer oder Khorasan-Weizen etc. Häufig haben diese alten Sorten hochwertige Proteine (die vom Körper leicht abgebaut werden) und sind deshalb auch für Menschen mit Glutenunverträglichkeit besser geeignet.

• **Das beste Mehl**
Es gibt kein optimales, „bestes" Mehl im eigentlichen Sinne. Es geht darum, ein gesundes, frisches Mehl mit vielen Nährstoffen zu wählen. Deshalb sollten Sie helles Allzweckmehl (Type 405) links liegen lassen. Es ist weder zum Ansetzen eines Sauerteigs noch zum Brotbacken geeignet, da es keine Keimling- und Kleieanteile enthält und ihm somit auch ein Großteil der wichtigen Mikroorganismen fehlt. Abraten würde ich auch von Mehl, das schon lange im Vorratsschrank rumsteht ... Mehl verhält sich ähnlich wie Kaffee. Ist die Packung einmal offen, wird der Inhalt zusehends schlechter und verliert an Nährstoffen.
Ich habe mir angewöhnt, mein Anstellgut mit Weizenmehl Type 1050 und etwas Roggenmehl zu pflegen, da ich den Charakter der Kombination mag. Aber Sie können Ihren Sauerteig auch mit Weizenvollkornmehl oder Type 1050 ansetzen.
Sehr gut gelingt ein Sauerteigansatz auch ausschließlich mit Roggenmehl, das reich an Zuckern und Enzymen ist, was dem Gärprozess ordentlich Schwung verleiht. Sie können ganz nach Ihren eigenen Vorlieben entscheiden. Denken Sie nur daran, freundlich zu Ihrem Sauerteig zu sein, damit er auch lieb zu Ihnen ist.

• **Was ist mit glutenfreien Mehlen?**
Grundsätzlich ist es möglich, einen Sauerteig auch mit glutenfreien Mahlerzeugnissen wie Buchweizen oder Vollkornreis anzusetzen. Diese Sauerteige springen sogar recht schnell an, sind dann aber nicht besonders stabil und schwer zu pflegen.
Außerdem muss man den Geschmack mögen, insbesondere den etwas bitteren Buchweizen.

WASSER

• **Gutes Wasser**
Auch die zweite Grundzutat für einen Sauerteig ist wichtig. Abzuraten ist von gechlortem oder besonders hartem Wasser, das den Mikroorganismen im Mehl bzw. Sauerteig zu schaffen machen kann. Wenn Sie Leitungswasser verwenden, lassen Sie es in einem Messbecher mehrere Stunden abstehen oder filtern Sie es, zum Beispiel mit einem Aktivkohlefilter.

• **Wassertemperatur**
Die Frage nach der richtigen Wassertemperatur taucht recht häufig auf. Nun, das hängt ganz vom gewünschten Effekt ab: Wenn Sie ein Anstellgut mit kaltem oder lauwarmem Wasser auffrischen, dauert es etwas länger, bis es anspringt – ideal also, wenn Sie den Sauerteig nicht so bald verwenden möchten. Warmes Wasser, sagen wir bei etwa 40 °C, sorgt hingegen dafür, dass der Sauerteig schneller aktiv wird bzw. schneller reift.

• **Mineralwasser aus der Flasche**
Ein Sauerteig kann ganz einfach auch mit (stillem) Mineralwasser gestartet bzw. gepflegt werden. Allerdings ist darauf zu achten, dass es nicht zu mineralienreich ist bzw. überdurchschnittlich viel von einem einzelnen Mineralstoff (Kalzium, Natrium oder Fluor) enthält. Ein schwach mineralisiertes Wasser eignet sich gut für diesen Zweck.

• **Was ist mit dynamisiertem Wasser?**
Bei der Dynamisierung (Energetisierung) von Wasser wird durch eine sehr schnelle Bewegung ein Wasserstrudel erzeugt, durch den die natürliche Fließbewegung des Wassers imitiert und die Qualität verbessert werden soll. Einige Bäcker werben damit, energetisiertes Wasser zu verwenden und damit (angeblich) die Qualität ihrer Backwaren zu verbessern.

Offene Krume

Ein luftig-lockeres Brot ist ein echtes Träumchen. Eine weiche, offene Krume mit toller Porung mag zwar nicht immer ideal für weiche Brotaufstriche sein, sieht aber super aus.

Sie kennen bestimmt die beeindruckenden Bilder in den Netzwerken von herrlich fluffigen Broten mit feinem, dichtem Glutennetzwerk und großen Blasen (Alveolen) dazwischen, als bestünde das Brot fast nur aus Luft und Kruste. Sie wissen schon, diese Brote, in die man am liebsten reinbeißen oder sie zu Hause nachbacken möchte.

Für Brotbackneulinge ist es schon eine Herausforderung, eine sehr offene Krume zu erreichen – oder es kann zu einer Obsession werden, die oft auf Kosten des Geschmacks geht, weil durch die Fotos im Netz suggeriert wird, selbst gebackenes Brot müsse immer so aussehen.

Die Bewertung einer offenen Krume ist sehr subjektiv, so wie eben jeder seine ganz eigene Definition von gutem oder schlechtem Brot hat. Die einen mögen lieber helles Brot, andere dunklere Brote mit dichterer Krume und ausgeprägtem Aroma und Geschmack. Wieder andere stehen auf Brot mit ganzen Körnern darin und darauf. Die einen bevorzugen eine hellere Kruste, andere eine kräftig gebräunte. Im Grunde gibt es so viele Vorlieben wie Brotesser, und das ist auch gut so.

Die eigentliche Frage ist eher, welche Illusionen die sozialen Netzwerke vorgaukeln (ja, das geht auch mit Broten) und was tatsächlich möglich ist. Diese Websites, die so viele tolle Inhalte zum Thema Brotbacken mit beeindruckenden Ergebnissen teilen, stammen größtenteils aus Amerika, wo natürlich mit amerikanischen Mehlsorten gearbeitet wird. Dazu sollte man wissen, dass diese Mehle aus neueren Getreidezüchtungen stammen und einen teilweise sehr hohen Anteil an Klebereiweiß haben.

SYSTEMATISCHES DOPING?

Seit der Nachkriegszeit wird Mehl in den USA mit fünf Zusatzstoffen angereichert, die von der Lebensmittelbehörde FDA (Food and Drug Administration) vorgeschrieben sind, um gesundheitliche Zwecke erfüllen, also Mangelerscheinungen und Krankheiten vorzubeugen. Und das gilt bis heute. Von gentechnisch verändertem Getreide, wie es in Nordamerika großflächig angebaut wird, will ich hier gar nicht reden.

Es wird also schnell klar, dass US-amerikanische und vor allem kanadische Mehle einem traditionellen, systematischen Doping unterworfen sind. Die meisten Produkte der großen Mühlen wie King Arthur oder Pillsbury haben einen Proteinanteil von 12 bis 14 %, sind also sehr backstark, etwa die Weizenmehlsorte 'Manitoba', die sehr kleberstark ist und häufig für Pizzateig verwendet wird. In Europa liegt der Proteingehalt von Weizenmehl eher zwischen 9 und 12 %. Das ist ein deutlicher Unterschied, der die optisch spektakulären Ergebnisse erklärt, die man in sozialen Netzwerken dort entdecken kann. Es ist in der Tat leichter, mit glutenreichen Mehlen einen kräftigen Trieb und damit eine offenere Krume zu erzielen – wenngleich auch hier eine gewisse praktische Erfahrung vonnöten ist.

Es bringt also nichts, Vergleiche anzustellen und neidisch oder gar frustriert zu sein. Diese große Porung (open crumb) ist mit europäischem Mehl einfach unrealistisch.

Grundausstattung für die Sauerteigbäckerei

Für die kleine Sauerteigbäckerei zu Hause ist nicht viel Zubehör erforderlich, und vieles kann improvisiert werden. Bei manchen Utensilien lohnt sich eine Anschaffung aber sehr wohl, weil sie praktisch sind und eindeutig zu besseren Ergebnissen führen.

Starterset:

- Schüssel, die mit einem Leinentuch ausgekleidet werden kann, statt eines Gärkorbs mit Bäckerleinen
- digitale Küchenwaage zum exakten Abwiegen der Zutaten
- Rasierklinge zum Einschneiden des Teiglings vor dem Backen
- Backblech mit Backpapier oder Dauerbackfolie
- größeres Schraubglas zum Aufbewahren des Anstellguts
- Löffel zum Mischen des Anstellguts

Andere hilfreiche Utensilien, die man sich je nach Budget zulegen kann:

- ein oder mehrere Gärkorbchen
- robuster Kochlöffel aus Holz zum Mischen der Zutaten
- Teigschaber zum Mischen und zum Ausschaben der Teigschüssel
- Bäckermesser zur sicheren Führung der Klinge beim Einschneiden des Teiglings
- Teigkarte zum Abstechen von Teiglingen und zur Teigbearbeitung
- ofenfester Topf mit Deckel, am besten aus Gusseisen oder ein Brot-Römertopf
- Backstein
- Pastik(-dusch)hauben zum Abdecken des Teigs während der Reife (superpraktisch!)
- Mehlbesen/-bürste

Die einzelnen Zubereitungs-schritte

Die Zubereitung eines Sauerteigbrots lässt sich in einzelne Schritte einteilen, die über einen längeren Zeitraum erfolgen.
Im Folgenden sollen einige Etappen mit ihren fachsprachlichen Bezeichnungen ausführlicher beschrieben werden, die für die Rezepte in diesem Buch relevant sind.

Die wichtigsten Schritte

MISCHEN

Das ist der erste Schritt. Dabei werden Mehl und Wasser – wahlweise manuell oder mit der Küchenmaschine – verrührt, bis die Zutaten gebunden sind und ein sogenannter Nullteig entstanden ist. Das Mehl wird hydratisiert, nur so kann das Glutennetz sich bilden.

AUTOLYSE

Nach der Mischphase lässt man den Nullteig etwa eine Stunde stehen. In dieser Zeit verquellen Mehlstärke und -proteine mit dem Wasser; die Gluteneiweiße bilden lange Stränge, sodass sich ein besseres Glutennetzwerk bilden kann. In dieser Phase erfolgt noch keine Teiggärung.

HAUPTTEIG MISCHEN

Nach der Autolyse ist bereits eine erste Strukturveränderung des Teigs zu beobachten: Er lässt sich dehnen und ist geschmeidiger. Nun werden Sauerteig und Salz einige Minuten eingearbeitet, bis ein glatter Teig entstanden ist.

ERSTE TEIGRUHE

Diese erste Teigreifung wird auch als Stockgare bezeichnet. In dieser mehrstündigen Ruhephase geht der Teig unter der Enzymaktivität der Hefen sichtbar auf und das Glutennetzwerk entspannt sich. Deshalb muss der Teig in regelmäßigen Abständen durch Dehnen und Falten wieder gestrafft werden, wodurch die Gärgase wieder gleichmäßig verteilt und das Glutengerüst stabilisiert wird. Beim Dehnen und Falten lässt sich die Elastizität des Teigs gut beurteilen.

VORFORMEN

Nach der ersten Teigruhe wird der Teig auf einer bemehlten Arbeitsfläche vorgeformt und zu einer Kugel rundgewirkt. Danach lässt man sie einige Minuten ruhen und sich entspannen (Zwischen- oder Ballengare).

FORMEN

In diesem Schritt, auch als „Wirken“ bezeichnet, erhält der vorgeformte Teigling seine endgültige Form. Er kann rund- oder langgewirkt werden, indem er an den Ecken gegriffen, gedehnt und diese dann (ähnlich wie bei einem Briefumschlag) in die Mitte geschlagen werden, um die Teigstruktur zu straffen. Nach dem Wirken wird der Teigling in einen bemehlten Gärkorb gelegt.

ZWEITE TEIGRUHE

Diese zweite Teigreifung (die letzte vor dem Backen) wird auch als Stückgare oder Endgare bezeichnet. Sie ist in der Regel kürzer als die erste Teigruhe. Durch die weitere Gärung wird das Glutennetzwerk wieder mit Gärgasen, die beim Wirken entwichen sind, gefüllt. Der Teigling geht auf.

Die Stückgare kann etwa 2 Stunden bei etwa 25 °C (warme Führung) oder einige Stunden länger bzw. über Nacht bei kühleren Temperaturen (kalte Führung) erfolgen.
Bei einer kürzeren warmen Führung kann es schnell zu einer Übergare kommen, das heißt, der Teig ist dann überreif und kann beim Backen zusammenfallen, weil das Glutengerüst nicht mehr stabil genug ist.

EINSCHNEIDEN

Abgesehen von dekorativen Zwecken hat das Einschneiden des Teiglings unmittelbar vor dem Backen auch einen ganz praktischen Zweck: das kontrollierte Aufreißen des Teigs. Wenn der Teig durch die Ofenhitze aufgeht (Ofentrieb), entweicht Wasserdampf über die Teigoberfläche, die folglich aufreißt (Ausbund). Damit das Aufreißen nicht willkürlich, an einer beliebigen Stelle erfolgt, wird der Teigling vorher eingeschnitten.

BACKEN

Damit das Brot beim Backen schön aufgeht und bräunt, sind relativ hohe Ofentemperaturen von 240–250 °C erforderlich.

Der Backvorgang lässt sich in folgende Phasen unterteilen:

1. Erwärmung des Teiglings und Volumenvergrößerung (Ofentrieb). Es entsteht eine erste Krumenstruktur durch die Bewegung der Gärgase, die im Glutennetzwerk eingeschlossen werden (Porenbildung).
2. Proteine denaturieren und Stärkekörner verkleistern. Das Glutennetzwerk erstarrt; die Porenbildung ist abgeschlossen.
3. Bräunung der Kruste durch die Maillard-Reaktion.
4. Trocknung des Brotes, Verdickung und Erstarrung der Kruste.

ABKÜHLEN

Nach dem Backen ist es wichtig, das Brot einige Zeit ruhen zu lassen, bis es abgekühlt ist und die Restfeuchtigkeit, die bei 3 bis 7 % liegt, verdampft ist. In diesen Stunden verfestigt sich die Stärke wieder (Retrogradation), sodass die Krume stabilisiert wird. Ich weiß, wie schwer es ist, der Versuchung zu widerstehen, das Brot noch ofenwarm anzuschneiden. Aber zum einen lässt sich warmes Brot nicht so gut schneiden, da die Kruste sich schwer glatt durchtrennen lässt, zum anderen hat sich die Krumenstruktur noch nicht ausreichend verfestigt (siehe oben), weshalb der Anschnitt dann leicht zerquetscht aussehen und leicht klitschig werden kann.
Warmes Brot verursacht allerdings keine Magenschmerzen, wie lange gewarnt wurde, sonst müsste man seine Pizza auch erst abkühlen lassen.

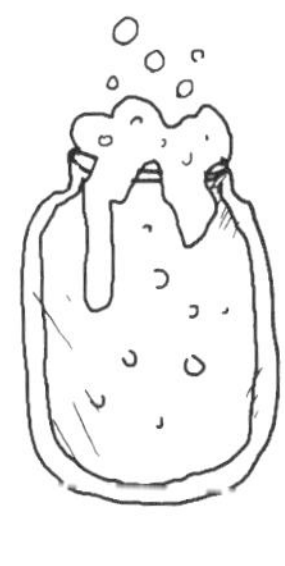

Der Backvorgang

Das Backen ist der finale, entscheidende Schritt der Brotherstellung. Deshalb sollte der Backofen gut vorgeheizt und die Temperaturangabe genau eingehalten werden, denn wenn der Ofen nicht die richtige Temperatur hat, kann das Brot derart darunter leiden, dass die ganzen vorherigen liebevollen Bemühungen umsonst waren. Daher möchte ich ein paar Aspekte des Vorgangs gesondert betrachten.

1. Maillard-Reaktion

Die Maillard-Reaktion, die nach dem französischen Biochemiker und Mediziner Louis-Camille Maillard benannt ist und bei der Aminosäuren (die Bausteine von Proteinen) und Zucker unter Hitzeeinwirkung biochemisch interagieren und zu einer Bräunung des Garguts und zur Bildung von Röstaromen führen.

Wie schon bei der Amylolyse beschrieben: Stärke (ein Mehrfachzucker) wird von dem Enzym Amylase in Einfachzucker zerlegt. Durch die Amylolyse, die durch die Enzyme im Sauerteig stattfindet, wird die Maillard-Reaktion beim Backen noch verstärkt, da mehr Einfachzucker verfügbar sind. Die Maillard-Reaktion setzt langsam bei 90 °C ein und beschleunigt sich dann ab 100 °C immer weiter, bevor sie bei etwa 180 °C zum Stillstand kommt. Bei dieser Temperatur finden dann andere chemische Reaktionen statt, die für die verstärkte Bräunung zuständig sind: die Thermolyse. Bräunung garantiert!

2. Topf oder Backstein?

Ob Sie Ihr Brot in einem Topf oder auf einem Backstein (Pizzastein) backen, bleibt Ihnen überlassen; beide Techniken haben ihre begeisterte Anhängerschaft. Ich gehöre zur Team Topf, weil das Backen im Gusseisentopf bei mir super klappt und ich es praktischer finde.

Es lohnt sich in jedem Fall, beide Methoden auszuprobieren und dann zu entscheiden, was Ihnen besser gefällt. Die einzige Voraussetzung ist, dass der Ofen mit Topf bzw. Backstein gut vorgeheizt wird und richtig heiß ist, bevor das Brot hinein- bzw. daraufkommt, um für einen guten Ofentrieb zu sorgen, bei dem das Brot schnell aufgeht und eine schöne Krume entsteht.

Auch die Wahl des Materials ist wichtig (Gusseisen, feuerfester Stein etc.), weil es die Wärmeleitfähigkeit und damit die Übertragung der Ofenhitze auf den Teigling bestimmt. Ich nutze einen Gusseisentopf mit Deckel, den ich zusammen mit dem Backofen vorheize. Der Topf bietet einen geschlossenen Raum, in dem die Hitze gut gespeichert und übertragen wird und der wie ein kleiner Ofen innerhalb des Backofens fungiert. Das ist das ganze Geheimnis. Sobald das Brot im heißen Topf und der Deckel aufgesetzt ist, gart das Brot quasi im eigenen Dampf, der den Ofentrieb unterstützt. Nach der Hälfte der Backzeit kann der Deckel abgenommen werden, für eine schöne, braune Kruste ist es jedoch keine Bedingung.

3. Ober-/Unterhitze oder lieber Umluft?

Natürlich taucht die Frage auf, welche Hitze beim Brotbacken zu bevorzugen ist. Wenn das Brot im geschlossenen Topf gebacken wird, spielt die Hitzeart eigentlich keine Rolle. Wenn der Teig aber auf einem Backstein geschoben wird, kommt es für ein gutes Gelingen auch darauf an, dass die Kruste nicht zu schnell erstarrt und bräunt, da sich sonst keine schöne Krume entwickeln kann. Deshalb rate ich von Umlufthitze unbedingt ab, weil die Brotoberfläche dadurch zu schnell austrocknet.

Sofern nicht anders angegeben, werden daher alle Rezepte in diesem Buch mit Ober-/Unterhitze gebacken.

4. Die Ofenfrage

Mein Ofen ist wahrscheinlich ganz anders als Ihrer. Das sollten Sie bei allen Temperatur- und Zeitangaben berücksichtigen. Jeder Ofen hat seine Eigenheiten und Funktionsweisen, und Sie kennen Ihren Ofen besser als ich. Deshalb gilt auch hier wieder: aufmerksam sein und beobachten.
Wenn in einem Rezept eine Backzeit von 30 Minuten angegeben ist und Sie sehen, dass das Brot schon vorher schön gebräunt bzw. für Ihren Geschmack noch viel zu blass ist, sollen Sie die Ofentemperatur beim nächsten Mal so anpassen, dass die Backzeit möglichst eingehalten werden kann.

Die richtige Aufbewahrung von Brot

Es gibt verschiedene Arten, Brot aufzubewahren. Ich persönlich mag ganz frisches Brot, wenn der Kontrast zwischen weicher Krume und knuspriger Kruste noch besonders groß ist. Die einzige Methode, die ich gefunden habe, um dieses Verhältnis der Texturen zu erhalten, ist Einfrieren. Aber es gibt auch andere Möglichkeiten.

EINFRIEREN

Das Tiefkühlen von Brot eignet sich bestens für ganze Laibe (z. B. für einen bestimmten Anlass). Man kann das Brot aber auch geviertelt oder in Scheiben geschnitten einfrieren. Scheiben haben den Vorteil, dass sie sehr schnell aufgetaut oder im Toaster aufgebacken werden können und sich super portionieren lassen. Brotviertel (ich schneide mein Brot meistens in vier Teile) entsprechen bei mir einer Tagesration. Kurzum, Sie können Ihr Brot ganz nach Bedarf portionieren, um durch Einfrieren die wunderbar weiche Krume und knusprige Kruste zu erhalten und täglich so zu genießen.

PAPIERTÜTEN, TÜCHER + CO.

Papiertüten sowie Baumwoll- und Leinentücher oder -beutel sorgen dafür, dass wenig Luft ans Brot kommt, der Laib aber nicht schwitzt. Auch Bienenwachstücher sind sehr gut geeignet, da sie sich an die Form des Brotes anpassen und wiederverwendbar sind.

PLASTIKBEUTEL

Ein guter Trick, um schon leicht trockenes Brot wieder „aufzufrischen“: in eine saubere Plastiktüte oder einen verschließbaren Gefrierbeutel geben. Sauerteigbrot hat eine gewisse Restfeuchtigkeit. Wenn das Brot nun in einer luftdichten Umgebung wie einem Plastikbeutel steckt, wird die weitere Verdunstung unterbunden und die noch vorhandene Feuchtigkeit kann sich im Brot verteilen.

BROTKASTEN

Wenn genug Platz in der Küche vorhanden ist, kann Brot in einem Brotkasten aufbewahrt werden, der im besten Falle nicht nur dekorativ aussieht, sondern auch ideale Bedingungen für die Brotaufbewahrung bietet.
Mein Tipp dazu: Schneiden Sie das Brot einmal durch und stellen Sie es mit den Schnittflächen nach unten in den Kasten.
So hat die Krume kaum Luftkontakt.

Hinweise für Zauberlehrlinge

Aufgepasst, ihr Auffrischer, aufgepasst, ihr eifrigen Teigkneter, aufgepasst, ihr Harry Potters der Improvisation!

Also, aufgepasst alle, die gern schon mit einem Rezept experimentieren, bevor sie es auch nur ein einziges Mal wie angegeben gebacken haben: Ich sehe schon, wie Sie sich sofort ans Werk machen und eine Zutat durch eine andere ersetzen oder meinen, einen Schritt auslassen oder frisch, fromm, fröhlich, frei ans Werk gehen zu können.

Bevor Sie zur Tat schreiten (wenn auch zweifellos mit besten kreativen Absichten), sollten Sie ein paar Dinge beachten.

Mehl

Eine Mehlsorte kann nicht beliebig durch eine andere ausgetauscht werden!
Jedes Mehl hat seinen eigenen Charakter und andere Backeigenschaften. Das Mehl von der Mühle xy, das ich verwende, hat nicht dieselben Eigenschaften wie das Mehl der Mühle yz, das Sie verwenden. Die Qualitäten sind unterschiedlich und auch die Absorptionsfähigkeiten. Noch heikler wird es, wenn man eine Mehltype durch eine andere oder gar Weizen- durch Buchweizenmehl ersetzen will! Man muss die Wassermenge anpassen und manchmal das ganze Rezept ändern, um ein gutes Ergebnis zu erzielen.
Einmal hat mir eine Person geschrieben, mein Rezept sei für die Tonne, weil kein Brot, sondern ein Pflasterstein aus dem Ofen gekommen sei. Meine Frage, welches Mehl sie verwendet habe, wurde mit „Reismehl, warum?“ beantwortet. Ich machte mir die Mühe zu erklären, warum das nicht funktionieren könne. Danach habe ich nie wieder etwas von ihr gehört oder gelesen.

Bäckerhefe

Kurz und knapp: Man kann ein sauerteiggeführtes Brot nicht in ein schnelleres Hefebrot umwandeln, indem man den Sauerteig mal eben durch Backhefe ersetzt. Sauerteig und Backhefe funktionieren völlig unterschiedlich und müssen deshalb auch ganz unterschiedlich behandelt werden. Wenn Sie ein Hefebrot zubereiten möchten, nutzen Sie auch ein Hefebrotrezept. Punkt.

Ruhezeiten

Um ein optimales Ergebnis zu erhalten, sollten Sie unbedingt auch die in den Rezepten angegebenen Teigruhen beachten. Ich habe alle Rezepte mehrmals nachgebacken, um sicherzustellen, dass sie mit diesen Zeitangaben funktionieren. Beim Brotbacken mit Sauerteig sind die beiden Teigruhen für eine gute Gärung und eine schöne Teigentwicklung unbedingt erforderlich. Gönnen Sie sich und Ihrem Teig also die nötige Zeit und überspringen keine der angegebenen Reifephasen, da sonst der ganze Aufwand vergebens war.

Ergänzende Zutaten

Bei Zutaten wie Zucker (Muscovado, Vollrohrzucker, Kokosblütenzucker etc.), Gewürzen, Fetten und Ölen können Sie Ihrer Kreativität endlich freien Lauf lassen und das Rezept an Ihren Geschmack anpassen, solange die Mengenangaben eingehalten werden. Ihr Brot und ich werden es Ihnen nicht übel nehmen … Versprochen.

Letzte Hinweise

SAUERTEIG

- Der Sauerteig, der in diesen Rezepten verwendet wird, ist „cremig“ und besteht aus gleichen Teilen Mehl und Wasser. Die Mehl- und Wassermengen für den Hauptteig sind darauf abgestimmt. Wenn Sie einen flüssigeren oder einen festeren Sauerteig angesetzt haben und verwenden möchten, sollte die Wassermenge entsprechend reduziert oder erhöht werden.
- Ich arbeite normalerweise mit einem Weizensauerteig mit der französischen Type T65 (entspricht in etwa Type 812) und einer kleinen Menge Roggenmehl. Sie können aber auch einen Dinkel-, Roggen- oder Vollkornsauerteig einsetzen.

SAUERTEIGRESTE

- Die Sauerteigreste, die ich in den Rezepten in diesem Buch verwende, entsprechen den Mengen Anstellgut, die beim Auffrischen anfallen und die ich in einem Schraubglas sammle und gut verschlossen im Kühlschrank aufbewahre.
- Sauerteigreste halten sich im Kühlschrank problemlos bis zu zwei Monaten, wenngleich sie mit zunehmender Dauer immer saurer werden.
- Sauerteigreste, die nach der dritten Auffrischung, also von einem Vollsauer abgenommen werden, haben noch recht viel Triebkraft.
- Sauerteigreste, die ein paar Tage bzw. zwei Wochen alt sind, sind wahrscheinlich nicht mehr aktiv.
- Schnuppern Sie vorher an den Sauerteigresten; sie sollten nicht stechend oder unangenehm sauer riechen. Im Zweifelsfall – leider – entsorgen!

BROTREZEPTE

- Alle meine Brote in diesem Buch werden nach einer recht ähnlichen Methode zubereitet, die den Vorteil hat, dass sie wenig Aufwand erfordert und die Möglichkeit bietet, das Brot innerhalb eines Tages zu backen.
- Halten Sie sich an die einzelnen Schritte und Zeitangaben. Sauerteigbrot braucht nun mal seine Zeit. Daher sollten Sie keine Schritte überspringen oder abkürzen.
- Falls Sie in einem Rezept eine andere Mehltype verwenden wollen, muss auch die Wassermenge entsprechend angepasst werden (je höher die Typenzahl, desto vollwertiger das Mehl und desto mehr Wasser kann es binden). Arbeiten Sie zusätzliches Wasser immer nur in kleinen Mengen in den Teig ein und beurteilen Sie dann seine Konsistenz. Wenn die Mischung zu trocken ist, kann sie noch etwas mehr Wasser vertragen; wenn sie zu flüssig ist, muss noch etwas Mehl eingearbeitet werden. Zunächst einen Teil Schüttflüssigkeit zurückzuhalten nennt man Bassinage.
- Meine Methode ist nicht in Stein gemeißelt. Sie sollten Ihren Teig immer auch beobachten und sich nicht sklavisch an Zeitangaben halten. Ein Beispiel: Wenn die erste Teigruhe in einem Rezept mit 2 Stunden angegeben ist, Sie aber zweifelsfrei erkennen, dass der Teig noch nicht ausreichend aufgegangen ist, geben Sie ihm noch etwas mehr Zeit.

Glossar

(unbedingt vor dem Backen lesen!)

Abkühlphase: Erkalten einer Backware nach dem Backen, wobei überschüssiger Wasserdampf entweichen kann, was zu einer Stabilisierung des Glutennetzwerks beiträgt. Kann zwischen 30 Minuten und 2 Stunden dauern.

Anfrischsauer: Im Rahmen der dreistufigen Sauerteigführung einmal aufgefrischtes Anstellgut.

Anstellgut: Vorvergorener Teig, der als Ausgangspunkt für die Herstellung eines vollaktiven Sauerteigs dient. Er kann an einem kühlen Ort aufbewahrt und immer wieder aufgefrischt werden. Alternativ wird vom vollaktiven Sauerteig eine kleine Portion abgenommen und als Grundlage für den nächsten Sauerteig verwendet.

Auffrischen: Zugabe von Flüssigkeit und Mehl in ein Anstellgut zur Wiederbelebung des mikrobiellen Stoffwechsels und damit zur Aktivierung der Gärprozesse.

Auskleiden/Einfetten: Boden und Rand einer Form mit einer Antihaftschicht (Fett, Backpapier etc.) versehen, damit das Backgut nicht an der Form kleben bleibt.

Autolyse: Ruhephase nach dem Mischen von Mehl und Wasser zu einem Nullteig, die zur Verkleisterung der Stärkekörner und zur Entwicklung eines besseren Glutennetzwerks dient. Erst nach der Autolyse wird der Sauerteig eingearbeitet.

Bassinage: Zurückhaltung eines Teils der Schüttflüssigkeit und Zugabe kleinerer Mengen in der Knetphase mit dem Ziel, eine optimale Hydratation (Wassergehalt) zu erhalten, also die richtige Teigkonsistenz.

Brühstück: Mehl, das mit kochendem Wasser überbrüht und verrührt wird. Dient zur Vorverkleisterung der Mehlstärke. Das Brühstück wird in der Knetphase in den Hauptteig gearbeitet und erhöht den Wasseranteil des Teigs und sorgt somit für eine besonders weiche Krume. Im Gegensatz zum Kochstück sind die Enzyme hier noch aktiv.

Einschneiden: Einritzen der Teighaut mit einem Bäckermesser oder einer Rasierklinge unmittelbar vor dem Backen. Durch den Schnitt bzw. die Schnitte können Wasserdampf und Gärgase kontrolliert aus dem Teigling entweichen.

Fenstertest: Zur Beurteilung der Entwicklung des Glutennetzwerks. Dazu wird ein kleines Teigstück zwischen den Fingern vorsichtig auseinandergezogen, bis eine dünne Teighaut entsteht. Je weiter sich der Teig ziehen lässt, ohne zu reißen, desto stabiler ist das Glutengerüst. Erfordert etwas Erfahrung.

Ferment: Mikroorganismen, die für eine Gärung bzw. Fermentation verantwortlich sind. Bezeichnet auch das Ergebnis, das bei einer Gärung/Fermentation entsteht.

Grundsauer: Zweite Stufe der dreistufigen Sauerteigführung. Sauerteig, der nach dem Auffrischen von Anfrischsauer entsteht.

Knetphase: Gleichmäßiges Einarbeiten des Sauerteigs in den Nullteig.

Kochstück: Zu einer Art Mehlschwitze verkochte Mischung aus Mehl und Wasser zur Vorverkleisterung der Mehlstärke. Das Kochstück wird in der Knetphase in den Hauptteig gearbeitet und erhöht den Wasseranteil des Teigs und sorgt somit zu einer besonders weichen Krume. Die Enzyme sind hierin nicht mehr aktiv.

Mikrobiom: Sämtliche Mikroorganismen, die in einem Milieu oder einem bestimmten Umfeld koexistieren.

Mischphase: Verrühren der Teigzutaten Mehl und Wasser, bis sie gebunden sind und ein Teig (Nullteig) entstanden ist.

Sauerteigreste: Anstellgutreste, die nicht weiter aufgefrischt werden, die noch recht triebstark (frisch), mäßig aktiv oder inaktiv (alt) sein können.

Schluss (auch Teigschluss):
Das ist die Nahtstelle, die entsteht, wenn der Teigling in Form gebracht wird.

Stockgare (auch Teigruhe/Teigreife):
Erste Teigruhe nach dem Kneten, in der sich das Glutennetzwerk bildet und eine erste Volumenzunahme des Teiges durch Gärgase zu beobachten ist.

Stückgare (auch Endgare):
Das ist die zweite Teigruhe nach dem Formen des Teiglings, die der weiteren Teigentwicklung dient. Die Stückgare, nach der der Teigling gebacken wird, dauert zwischen 30 Minuten und 3 Stunden bei Raumtemperatur (warme Teigführung). Alternativ kann sie auch über Nacht im Kühlschrank erfolgen (kalte Teigführung).

Teigkonsistenz: Zähigkeit, Dehnbarkeit und Elastizität des Teigs; kann durch Fühlen oder durch Durchführung eines Fenstertests (siehe S. 64) beurteilt werden.

Teigling: Gekneteter, in seine endgültige Form gebrachter Teig.

Teigstraffung: Dehnen und Falten des Teigs während der Stockgare zur Verbesserung der Teigstruktur.

Vollsauer: Dreimalig aufgefrischter Sauerteig, der sehr triebstark ist und nun für ein Brotrezept verwendet werden kann.

Vorteig: Teig, der als Vorstufe für ein Rezept zubereitet wird, mit dem Ziel einer besseren Verquellung der Stärkekörner oder zur Aktivierung eines Triebmittels (z. B. Poolish, Sauerteig).

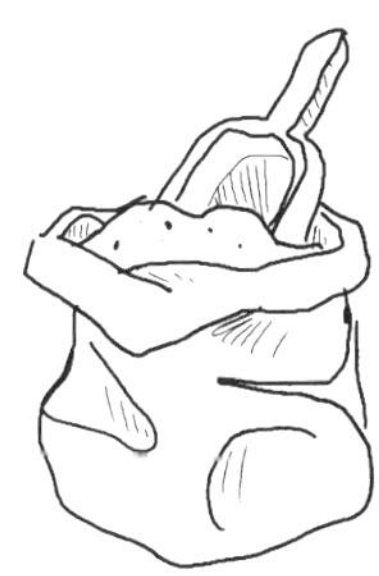

Die Rezepte

Traditionelles Sauerteigbrot - Schritt für Schritt

Aufgepasst, hier kommt leckeres Brot! Wenn es ein Brot gibt, das ich zum Einstieg in die Sauerteigbäckerei empfehlen kann, dann dieses. Ich nenne es auch *pain tartine* (Stullenbrot), weil es sich aufgrund seiner Form und Textur prima in schöne, gleichmäßige Scheiben schneiden und belegen lässt. Es ist ein eher rustikales Brot, das wunderbar nostalgisch schmeckt und so gut duftet, dass man es am liebsten sofort anschneiden möchte, sobald es aus dem Ofen kommt. Die Zubereitungszeit mag lang erscheinen, aber man muss ja immer nur kurz aktiv werden, den Rest erledigt der Teig selber. Und wenn Sie den Dreh erst einmal raus haben, möchten Sie dieses superleckere Brot mit seiner ausgeprägten Kruste und der saftigen Krume immer wieder zubereiten! Da bleibt garantiert kein Krümel übrig ...

ZUBEREITUNG 1 Std. RUHE 6:45 Std. BACKEN 50 Min. Hält sich 1 Woche im Tuch oder Brotkasten

Für einen Laib von 750 g

- 450 g Weizenmehl Type 812
- 50 g Roggenmehl Type 1370
- 340–360 ml Wasser (30–40 °C)
- 100 g vollaktiver Sauerteig (Vollsauer)
- 8 g Meersalz

1. Mischen und Autolyse: Beide Mehlsorten mit Wasser in einer Schüssel von Hand oder in der Küchenmaschine mischen, bis die Zutaten verbunden sind. Abgedeckt 45 Minuten ruhen lassen (Abb. A und B).

2. Kneten: Sauerteig und Salz hinzufügen und einige Minuten kneten, bis ein glatter Teig entsteht (Abb. C).

3. Stockgare: Den Teig abgedeckt bei Raumtemperatur 3 Stunden reifen lassen. In dieser Zeit muss der Teig alle 30 Minuten gedehnt und gefaltet werden, damit die Gärgase gleichmäßig verteilt werden und sich ein stabiles Glutennetzwerk aufbauen kann, wodurch die Krumenstruktur des fertigen Brotes verbessert wird (Abb. D, E und F).

4. Vorformen: Den Teig auf eine leicht bemehlte Arbeitsfläche geben. Mithilfe einer Teigkarte die Teigränder in die Mitte schlagen, bis eine Kugelform entsteht. Anschließend 15 Minuten ruhen lassen (Zwischengare; Abb. G, H und I).

5. Formen und zweite Teigruhe: Den Teigling mit einer bemehlten Teigkarte wenden, auseinanderziehen und den Teig erneut wie bei einem Briefumschlag vom Rand aus in die Mitte schlagen. Mit Teigschluss nach oben in einen bemehlten Gärkorb legen und abgedeckt 2 Stunden bei etwa 24 °C reifen lassen. Alternativ den Teigling zur Übernachtgare in den Kühlschrank stellen, wodurch sich noch mehr Aromen entwickeln können (Abb. J–P) .

6. Backen: Den Backofen auf 250 °C (Ober-/Unterhitze) vorheizen. Dabei einen Topf mit Deckel hineinstellen und 30 Minuten aufheizen lassen.

A. Autolyse: Mehl(e) in eine Schüssel geben und das Wasser hinzugießen. Das Wasser sollte handwarm, maximal 40 °C warm sein.

B. Mischen: Mehl und Wasser von Hand oder in der Küchenmaschine so lange mischen, bis das Mehl vollständig gebunden und ein glatter Teig entstanden ist. Nicht glatt kneten. Zur Autolyse 45–60 Minuten ruhen lassen.

C. Kneten: Sauerteig und Salz hinzufügen und 10 Minuten, von Hand in der Schüssel oder auf einer bemehlten Arbeitsfläche, oder 5 Minuten in der Küchenmaschine sorgfältig unterkneten, bis ein glatter Teig entsteht.

D. Stockgare: Den Teig 3 Stunden reifen lassen.

E. Falten: Während der Stockgare den Teig alle 30 Minuten dehnen und falten. Die Teigstraffungen dienen zur gleichmäßigeren Verteilung der Gärgase und zur Förderung eines stabilen Glutengerüsts.

Fortsetzung nächste Seite ▶

7. **Backen:** Sobald der Ofen die Backtemperatur erreicht hat, den Topf aus dem Ofen holen und den Deckel abnehmen. Den Teigling im Gärkorb mit einem Stück Backpapier belegen und darauf in eine Hand stürzen. Rasch mit einer Klinge einschneiden und auf dem Backpapier in den heißen Topf geben. Den Deckel auflegen.

8. Das Brot im Ofen 30 Minuten backen. Den Deckel abnehmen und die Ofentemperatur auf 220 °C senken. Das Brot weitere 20 Minuten backen.

9. Das Brot auf ein Kuchengitter heben und vor dem Anschneiden vollständig abkühlen lassen.

TIPPS

- Zum Ausstäuben des Gärkorbs und für die Arbeitsfläche kann ich Reismehl empfehlen. Es ist sehr fein und saugt viel Flüssigkeit auf, weshalb man nur sehr wenig braucht.
- Für eine ordentliche Gärung und eine schöne Teigentwicklung sollte der Sauerteig wirklich sehr triebstark sein und die Stockgare an einem relativ warmen Ort bei etwa 25°C erfolgen.
- Geben Sie das Wasser portionsweise hinzu. Es kann sein, dass Ihr Mehl nicht das ganze Wasser aufnehmen kann. Der Teig sollte geschmeidig sein und leicht an den Fingern kleben.
- Mein Tipp für die Faltungen: Damit der Teig nicht an den Fingern klebt und die Faltungen leichter gelingen, die Hände leicht anfeuchten.

F. Falten: Den Teig am Rand greifen, nach oben ziehen und über die Mitte schlagen. Den Teig ein Stück weiter greifen, wieder dehnen und über die Mitte schlagen. So fortfahren, bis der Teig rundum gedehnt ist. **Tipp:** Die Hände mit Wasser befeuchten.

G. Nach der Stockgare den Teig auf eine bemehlte Arbeitsfläche geben.
Tipp: Feines, saugfähiges Reismehl ist perfekt dafür geeignet.

H. Vorformen: Mithilfe einer Teigkarte den Teig mit ein paar Faltungen in Richtung Teigmitte schlagen und so zu einer Kugel formen.

I. Zwischengare: Den Teigling 15 Minuten entspannen lassen.

J. Formen: Den Teigling auf der bemehlten Arbeitsfläche mithilfe einer Teigkarte wenden. Den Teig behutsam vom Körper weg zu einem langen Rechteck ausziehen.

Fortsetzung nächste Seite ▶

K. Formen: Alle Mehlspuren von der Teigoberfläche entfernen/abbürsten. Die obere kurze Kante des Rechtecks greifen und in Richtung Mitte nach unten schlagen.

L. Formen: Nun die rechte obere Ecke in Richtung Mitte schlagen. Wenn der Teig korrekt gereift ist, sollte er gut haften.

M. Formen: Die linke obere Ecke in Richtung Mitte schlagen.

N. Formen: Man kann eine „Extrafaltung" machen und die beiden Seiten im Reißverschlussverfahren in Richtung Mitte schlagen.

O. Formen: Nun die obere Kante greifen, dehnen und bis nach unten über den ganzen Teigling schlagen.

P. Endgare: Den Teigling mit Teigschluss nach oben in den bemehlten Gärkorb legen und leicht darin schwenken. Den Teigschluss zusammendrücken. Den Teigling mit Mehl bestäuben. Abgedeckt weiter reifen lassen.

Mischbrot

Mischbrot hat eine sehr lange Tradition. Es wird aus unterschiedlichen Anteilen Roggen- und Weizenmehl zubereitet und je nachdem, welches Mehl überwiegt, als Roggen- oder eben als Weizenmischbrot bezeichnet. Je höher der Roggenanteil, desto dichter und feiner die Krume und kräftiger der Geschmack. In meinem Rezept sind Roggen- und Weizenmehl gleichberechtigt, das heißt, das Rennen um die genauere Benennung geht unentschieden aus, weshalb ich es einfach nur „Mischbrot" nenne.

ZUBEREITUNG 1 Std. RUHE 5:35 Std. BACKEN 50 Min. Hält sich 1 Woche im Tuch oder Brotkasten

Für einen Laib von 750 g

- 250 g Weizenmehl Type 812
- 250 g Roggenmehl Type 1370
- 350 ml Wasser (40 °C)
- 100 g vollaktiver Sauerteig (Vollsauer)
- 10 g Meersalz

1. **Mischen und Autolyse:** Beide Mehlsorten mit Wasser in einer Schüssel von Hand oder in der Küchenmaschine mischen, bis die Zutaten verbunden sind.
Abgedeckt 20 Minuten ruhen lassen.

2. **Kneten:** Sauerteig und Salz hinzufügen und einige Minuten kneten, bis die Zutaten komplett eingearbeitet sind.

3. **Erste Teigruhe:** Den Teig abgedeckt 3 Stunden bei etwa 25 °C reifen lassen und dabei alle 30 Minuten dehnen und falten.

4. **Vorformen:** Den Teig auf eine leicht bemehlte Arbeitsfläche geben. Mithilfe einer Teigkarte die Teigränder in die Mitte schlagen, bis eine Kugelform entsteht. Anschließend 15 Minuten ruhen lassen.

5. **Formen und zweite Teigruhe:** Den Teigling mit einer bemehlten Teigkarte wenden und den Teig erneut wie bei einem Briefumschlag vom Rand aus in die Mitte schlagen. Mit Teigschluss nach oben in einen bemehlten Gärkorb legen und abgedeckt 2 Stunden bei etwa 24 °C reifen lassen.
6. Den Backofen und darin einen Topf mit Deckel auf 250 °C (Ober-/Unterhitze) 30 Minuten vorheizen.

7. **Backen:** Sobald der Ofen die Backtemperatur erreicht hat, den Topf aus dem Ofen holen und den Deckel abnehmen. Den Teigling im Gärkorb mit einem Stück Backpapier belegen und darauf in eine Hand stürzen. Rasch mit einer Klinge einschneiden und auf und mit dem Backpapier in den heißen Topf geben. Den Deckel auflegen.
8. Das Brot im Ofen 30 Minuten backen. Dann den Deckel abnehmen und die Ofentemperatur auf 230 °C senken. Das Brot weitere 20 Minuten backen.
9. Das Brot auf ein Kuchengitter heben und vor dem Anschneiden vollständig abkühlen lassen.

Weizenmischbrot mit Honig

Dieses Mischbrot hat es in sich und passt wunderbar zu einer Platte mit pikantem Rohmilchkäse. Jeden Sommer fahre ich nach Piemont und besuche einen Imker, der seinen Stand immer auf dem Markt von Ronco Canavese hat, einem kleinen Ort in den piemontesischen Bergen. Dieses Jahr hatte ich Lust, einen seiner klassischen Honige, den „Millefiori", für eines meiner Brote zu verwenden, das durch den Blütenhonig eine wunderbar malzige, balsamische Note erhält.

ZUBEREITUNG 1 Std. RUHE 6:30 Std. BACKEN 50 Min. Hält sich 1 Woche im Tuch oder Brotkasten

Für einen Laib von 750 g

- 330 g Weizenmehl Type 812
- 170 g Roggenmehl Type 1150
- 360 ml lauwarmes Wasser
- 90 g vollaktiver Sauerteig
- 20 g Honig nach Wahl
- 8 g Meersalz
- 30 g Haferflocken zum Bestreuen

TIPP

- Für dieses Brot können Sie jeden Honig verwenden. Wenn Sie gern kräftige Noten mögen, empfehle ich Kastanien- oder Waldhonig, für feinere Aromen eher milde Honigsorten wie Akazien- oder Lindenblütenhonig.

1. **Mischen und Autolyse:** Beide Mehlsorten mit Wasser in einer Schüssel von Hand oder in der Küchenmaschine mischen, bis die Zutaten verbunden sind.
Abgedeckt 45 Minuten ruhen lassen.

2. **Kneten:** Sauerteig, Honig und Salz hinzufügen und einige Minuten kneten, bis die Zutaten komplett eingearbeitet sind.

3. **Erste Teigruhe:** Den Teig abgedeckt 3 Stunden bei etwa 25 °C reifen lassen und dabei alle 30 Minuten dehnen und falten.

4. **Vorformen:** Den Teig auf eine leicht bemehlte Arbeitsfläche geben. Mithilfe einer Teigkarte die Teigränder in die Mitte schlagen, bis eine Kugelform entsteht. Anschließend 45 Minuten ruhen lassen.

5. **Formen und zweite Teigruhe:** Den Teigling mit einer bemehlten Teigkarte wenden und wie einen Briefumschlag vom Rand aus in die Mitte schlagen. Mit Teigschluss nach oben in einen bemehlten, mit den Haferflocken ausgestreuten Gärkorb legen und abgedeckt 2 Stunden bei etwa 24 °C reifen lassen.
6. Den Backofen und darin einen Topf mit Deckel auf 250 °C (Ober-/Unterhitze) 30 Minuten vorheizen.

7. **Backen:** Sobald der Ofen die Backtemperatur erreicht hat, den Topf aus dem Ofen holen und den Deckel abnehmen. Den Teigling im Gärkorb mit einem Stück Backpapier belegen und darauf in eine Hand stürzen.
8. Den Teigling rasch mit einer Klinge einschneiden und mit dem Backpapier in den heißen Topf geben. Den Deckel auflegen.
9. Das Brot im Ofen 30 Minuten backen. Dann den Deckel abnehmen und die Ofentemperatur auf 210 °C senken. Das Brot weitere 20 Minuten backen.
10. Das Brot auf ein Kuchengitter heben und vor dem Anschneiden vollständig abkühlen lassen.

GUT ZU WISSEN

Bei der Teigreifung werden die Honigaromen im Brot intensiviert. Halten Sie sich deshalb möglichst genau an die im Rezept angegebenen 20 g!

Schoko-Nuss-Brot

Dies ist vermutlich das erfolgreichste Brot auf meinem Instagram-Account! Sobald es um Schokolade geht, werden selbst die Willensstärksten schwach; und das aus gutem Grund! Dieses Brot schmeckt schon ohne Belag superlecker! Feinschmecker bestreichen es mit Demi-sel-Butter, die Wagemutigeren mit Camembert!
Ich wollte hier die Aromen von Kakao und Haselnüssen mit einem charaktervollen, würzigen Mehl unterstreichen, das wunderbar mit den runden Schokoladenstückchen harmoniert. Das „Fleur de Berry", ein Mehl aus alten Weizensorten, eignet sich hervorragend dafür, aber Sie können auch Weizenmehl Type 812 oder Type 1050 von einer anderen guten Mühle ausprobieren. Denken Sie nur daran, dass Sie je nach Mehlsorte und -type eventuell die Wassermenge anpassen müssen.

ZUBEREITUNG 1 Std. RUHE 6 Std. BACKEN 50 Min. Hält sich 1 Woche im Tuch oder Brotkasten

Für einen Laib von 750 g
- 300 g Weizenmehl Type 812
- 200 g Weizenmehl „Fleur de Berry" (oder anderes Weizenmehl Type 812 oder Type 1050)
- 20 g Kakaopulver
- 370 ml lauwarmes Wasser
- 90 g vollaktiver Sauerteig
- 9 g Meersalz
- 100 g Schokotropfen (mit dem höchsten Kakaoanteil, den Sie finden können)
- 100 g Haselnusskerne, 15 Minuten im Ofen geröstet

1. **Mischen und Autolyse:** Mehl, Kakao und Wasser in einer Schüssel von Hand oder mit der Küchenmaschine mischen, bis alle Zutaten verbunden sind. Abgedeckt 45 Minuten ruhen lassen.

2. **Kneten:** Sauerteig und Salz hinzufügen und einige Minuten kneten, bis ein glatter Teig entsteht.

3. **Erste Teigruhe:** Den Teig abgedeckt 3 Stunden bei etwa 25 °C reifen lassen und dabei alle 30 Minuten dehnen und falten.

4. **Vorformen:** Den Teig auf eine leicht bemehlte Arbeitsfläche geben und zu einem großen Quadrat ausziehen. Je die Hälfte der Schoko'tropfen und Haselnusskerne darauf verteilen. Mithilfe einer Teigkarte die Teigränder in die Mitte schlagen. Die restlichen Schokotropfen und Haselnusskerne darauf verteilen. Falten und mit Schluss nach unten 15 Minuten ruhen lassen.

5. **Formen und zweite Teigruhe:** Den Teigling mit einer bemehlten Teigkarte wenden und wie einen Briefumschlag vom Rand aus in die Mitte schlagen. Mit Teigschluss nach oben in einen bemehlten Gärkorb legen und abgedeckt 2 Stunden bei 24 °C reifen lassen.

6. Den Backofen und darin einen Topf mit Deckel auf 250 °C (Ober-/Unterhitze) 30 Minuten vorheizen.

7. **Backen:** Sobald der Ofen die Backtemperatur erreicht hat, den Topf aus dem Ofen holen und den Deckel abnehmen. Den Teigling im Gärkorb mit einem Stück Backpapier belegen und darauf in eine Hand stürzen. Rasch mit einer Klinge einschneiden und mit dem Backpapier in den heißen Topf geben. Den Deckel auflegen.
8. Das Brot im Ofen 30 Minuten backen. Dann den Deckel abnehmen und die Ofentemperatur auf 210 °C senken. Weitere 20 Minuten backen.
9. Das Brot auf ein Kuchengitter heben und vor dem Anschneiden vollständig abkühlen lassen.

Brunch-Brot

Dieses in einer Kastenform gebackene, köstliche Brot, das in Dänemark als rugbrød (Roggenbrot) bekannt ist, enthält Nüsse und Saaten und macht Ihr Frühstück oder Ihren süß-herzhaften Brunch zum gesunden Vergnügen.
Das Brot hat eine feste Textur und lässt sich prima in dünne, gleichmäßige Scheiben schneiden, die nach Belieben mit Frischkäse, Konfitüre oder Rührei belegt werden können. Nüsse und Saaten machen es saftig, verleihen ihm einen knackigen Biss und sorgen, neben Sauerteig, Roggenmehl und Honig, für ein komplexes Aroma. Das Brot ähnelt dem Wikingerbrot von Seite 100, ist aber aufgrund der kürzeren Reifezeit milder im Geschmack.

ZUBEREITUNG 15 Min. RUHE 3:15 Std. BACKEN 1:30 Std. Hält sich 2 Wochen in einer luftdicht verschlossenen Dose

Für 4 Personen

- 175 g Roggenmehl Type 1370
- 75 g Weizenvollkornmehl
- 250 ml Wasser (40 °C)
- 70 g vollaktiver Sauerteig
- 3 EL zarte Haferflocken, plus zusätzliche Haferflocken für die Arbeitsfläche
- 1 TL Honig
- 1 TL Salz
- 50 g Nusskerne nach Wahl
- 1 EL Sonnenblumenkerne
- 1 EL Sesamsaat
- 1 EL Kürbiskerne

1. Mehle, Wasser, Sauerteig, Haferflocken und Honig in die Schüssel der Küchenmaschine geben.
2. **Mischen:** Die Zutaten kurz mischen, bis sie gebunden sind, aber nicht kneten. Abgedeckt 45 Minuten ruhen lassen.
3. **Kneten:** Salz, Nüsse und Saaten hinzufügen und 1 Minute kneten, bis ein glatter Teig entsteht. Den Teig 30 Minuten ruhen lassen.
4. Den Teig erneut 1 Minute kneten und weitere 30 Minuten ruhen lassen.
5. Den Teig erneut 1 Minute kneten und weitere 30 Minuten ruhen lassen.
6. Den Teig 1 Minute kneten. Dann auf eine mit Haferflocken bestreute Arbeitsfläche geben. Der Teig ist recht weich und klebrig; die Haferflocken sorgen dafür, dass er sich leichter formen lässt.
7. **Formen und Endgare:** Den Teig auf den Haferflocken zu einer Rolle formen und in eine mit Backpapier ausgekleidete Kastenform heben. Abgedeckt 1 Stunde reifen lassen.
8. Inzwischen den Backofen auf 175 °C (Ober-/Unterhitze) vorheizen.
9. **Backen:** Sobald der Ofen die Backtemperatur erreicht hat, das Brot im Ofen 90 Minuten backen.
10. Den Backofen ausschalten, aber das Brot weitere 20 Minuten im Ofen lassen.
11. Das Brot auf ein Kuchengitter heben und vor dem Anschneiden mindestens 2 Stunden abkühlen lassen.

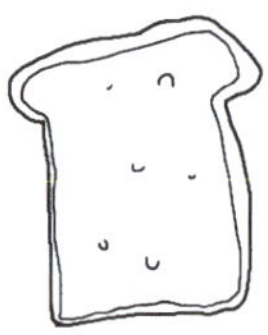

TIPP

- Wenn sich der Teig nicht gut zu einer Rolle zu formen lässt, weil er sehr weich ist, die Form mit Backpapier auskleiden und Haferflocken darin verteilen. Dann den Teig hineingeben, mit einem Teigschaber glattstreichen und mit weiteren Haferflocken bestreuen.

Kürbis-Pekannuss-Brot

Rote- und orangefarbene Gemüse- und Obstsorten, wie Kürbis, violette Kartoffeln (Vitelotten) oder Holunderbeeren, enthalten natürliche Farbstoffe (Anthocyane), die gleichermaßen backstabil und gesund sind und sehr schöne optische Effekte ermöglichen. Darüber hinaus erhält das Brot durch diese Zutaten auch zusätzliche Aromanoten, die sich durch ihren natürlichen Zuckergehalt entwickeln können.

ZUBEREITUNG etwa 1 Std. RUHE 5:45 Std. BACKEN 50 Min. Hält sich 1 Woche im Tuch oder Brotkasten

Für einen Laib von 850 g

- 400 g Weizenmehl Type 812
- 100 g feines italienisches Hartweizenmehl *(semola rimanciata)*
- 200 g im Ofen gegartes Kürbisfruchtfleisch (auf keinen Fall in Wasser gekocht), püriert
- 260 ml Wasser (40 °C)
- 90 g vollaktiver Sauerteig
- 9 g Meersalz
- 70 g Pekannusskerne, grob gehackt
- Kürbiskerne zum Bestreuen
- 1 EL Kürbiskerne

VARIANTE

- Kürbisfleisch und Pekannüsse sind für mich eine fast zwingende Kombination. Sie können aber auch andere Nüsse verwenden oder sie ganz weglassen.

1. **Mischen und Autolyse:** Beide Mehlsorten, Kürbis und Wasser in einer Schüssel von Hand oder in der Küchenmaschine mischen und grob verkneten.
Abgedeckt 30 Minuten ruhen lassen.
2. **Kneten:** Sauerteig und Salz hinzufügen und einige Minuten kneten, bis ein glatter Teig entsteht.
3. **Erste Teigruhe:** Den Teig abgedeckt 3 Stunden bei etwa 25 °C reifen lassen und dabei alle 30 Minuten dehnen und falten. Damit der Teig nicht an den Fingern kleben bleibt, die Hände mit Wasser befeuchten. Beim letzten Falten die Pekannüsse einarbeiten.
4. **Vorformen:** Den Teig auf eine leicht bemehlte Arbeitsfläche geben. Mithilfe einer Teigkarte die Teigränder in die Mitte schlagen, bis eine Kugelform entsteht. Mit Schluss nach unten 15 Minuten ruhen lassen.
5. **Formen und zweite Teigruhe:** Den Teigling mit einer bemehlten Teigkarte wenden und wie einen Briefumschlag vom Rand aus in die Mitte schlagen, bis eine Kugelform entstanden ist. Mit Teigschluss nach oben in einen bemehlten und mit Kürbiskernen ausgestreuten Gärkorb legen und abgedeckt 2 Stunden bei 24 °C oder 12 Stunden im Kühlschrank reifen lassen.
6. Den Backofen und darin einen Topf mit Deckel auf 250 °C (Ober-/Unterhitze) 30 Minuten vorheizen.
7. **Backen:** Sobald der Ofen die Backtemperatur erreicht hat, den Topf aus dem Ofen holen und den Deckel abnehmen. Den Teigling im Gärkorb mit einem Stück Backpapier belegen und darauf in eine Hand stürzen. Rasch mit einer Klinge einschneiden und mit dem Backpapier in den heißen Topf geben. Den Deckel auflegen.
8. Das Brot im Ofen 30 Minuten backen. Dann den Deckel abnehmen und die Ofentemperatur auf 210 °C senken. Weitere 20 Minuten backen.
9. Das Brot auf ein Kuchengitter heben und vor dem Anschneiden vollständig abkühlen lassen.

DAS GEWISSE ETWAS …

Dieses Kürbisbrot schmeckt eher süßlich-mild, weshalb es extrem gut zu Ziegenkäse, einem reifen Mimolette oder auch zu Geflügel mit Pfifferlingen passt.

Bierbrot zum Teilen

Die Kombination von zwei oder sogar mehreren, durch Gärung entstandenen Lebensmitteln sorgt oft für tolle Ergebnisse. Nicht zuletzt deshalb schmeckt Käse beispielsweise so gut auf Brot oder zu einem guten Wein. Auch Bier und Sauerteig gehören zu diesen glücklichen Verbindungen. Sie bringen die jeweiligs anderen Aromen besser zur Geltung – so auch meine Erfahrung mit diesem Bierbrot zum Teilen, das ideal für einen Aperitif mit Freunden ist. Der Honig unterstreicht die Malznoten des Bieres und rundet die Aromapalette ab.

ZUBEREITUNG 1 Std. RUHE 5:30 Std. BACKEN 50 Min. Hält sich 1 Woche im Tuch oder Brotkasten

Für einen Laib von 750 g

- 140 g Roggenmehl Type 1150
- 340 g Weizenmehl Type 812
- 300 ml Bier (nach Wahl)
- 20 g Akazienhonig
- 210 g vollaktiver Sauerteig
- 8 g Meersalz
- Leinsamen oder Haferflocken zum Bestreuen

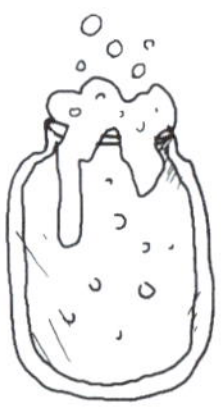

HINWEIS

- Ich verwende für dieses Brot Dinkelbier mit ausgeprägten Malz- und Karamellnoten, die die Aromen des Roggenmehls sehr gut ergänzen. Sie können aber auch jedes andere Bier verwenden.

1. Mischen: Beide Mehlsorten, Bier, Honig und Sauerteig in einer Schüssel von Hand oder mit der Küchenmaschine mischen und grob verkneten, bis die Zutaten gebunden sind.
Abgedeckt 30 Minuten ruhen lassen.

2. Kneten: Das Salz hinzufügen und einige Minuten kneten, bis ein glatter Teig entsteht.

3. Erste Teigruhe: Den Teig abgedeckt 3 Stunden bei etwa 25 °C reifen lassen und dabei alle 30 Minuten dehnen und falten. Damit der Teig nicht an den Fingern kleben bleibt, die Hände mit Wasser befeuchten.

4. Formen: Den Teig auf eine leicht bemehlte Arbeitsfläche geben. Mithilfe einer Teigkarte die Teigränder in die Mitte schlagen, bis eine Kugelform entsteht. Mit Teigschluss nach unten auf einen Bogen Backpapier heben und mit Leinsamen oder Haferflocken bestreuen.

5. Einschneiden und zweite Teigruhe: Mit einem bemehlten Brotmesser den Teigling in acht gleich große (Kuchen-) Stücke einteilen (siehe Foto). Abgedeckt 2 Stunden bei 24 °C reifen lassen.

6. Backen: Den Backofen auf 250 °C (Ober-/Unterhitze) vorheizen. Dazu ein Backblech oder einen Backstein hineinschieben und 30 Minuten aufheizen.
7. Sobald der Ofen die Backtemperatur erreicht hat, das Brot auf dem Backpapier auf das heiße Backblech oder den Backstein heben und 20 Minuten backen. Die Ofentemperatur auf 210 °C senken. Weitere 30 Minuten backen.
8. Das Brot auf ein Kuchengitter heben und vor dem Anschneiden vollständig abkühlen lassen.

DAS GEWISSE ETWAS …

In diesem Rezept mische ich den Sauerteig gleich zu Beginn mit Mehl und Bier, damit die Zutaten so früh wie möglich miteinander reagieren können. Dadurch fällt der Autolyse-Schritt weg.

Kefir-Blaubeer-Brot

Für dieses Rezept habe ich mit einem „lebendigen" Milchprodukt, nämlich Kefir, experimentiert, weil ich seine feuchtigkeitsspendenden, texturgebenden Eigenschaften ausprobieren wollte. In den nordischen Ländern ist es sehr verbreitet, ein gesäuertes Milchprodukt (Joghurt, Molke, Sauermilch ...) in einen Brotteig zu geben, um die Gärung einzuleiten und eine feinsäuerliche Krume zu erhalten. Ich habe mehrere Versuche unternommen, bevor ich – vor allem hinsichtlich der Krume – zufrieden war, weil Kefir in Verbindung mit der Mehlstärke dazu neigt, die Glutenstruktur zu stören und somit die Krume zu verdichten. Die Blaubeeren harmonieren bestens mit der Säure des Kefirs und des Sauerteigs und sorgen für schöne Farbtupfer.

ZUBEREITUNG 1 Std. RUHE 5:45 Std. BACKEN 50 Min. Hält sich 1 Woche im Tuch oder Brotkasten

Für einen Laib von 850 g

- **400 g Weizenmehl Type 812**
- **100 g backstarkes Weizenmehl Type 405 oder Type 550 mit hohem Proteinanteil, z. B. Manitobamehl**
- **130 ml Wasser (30 °C)**
- **250 g Kefir**
- **100 g vollaktiver Sauerteig**
- **8 g Meersalz**
- **100 g frische Blaubeeren**

HINWEIS

- Man kann Kefir auch selbst aus Milch oder Pflanzendrinks herstellen. Entsprechende Kulturen gibt es als Pulver oder Granulat im Bioladen oder Reformhaus.

1. **Mischen und Autolyse:** Beide Mehlsorten, Wasser und Kefir in einer Schüssel von Hand oder in der Küchenmaschine mischen, bis die Zutaten verbunden sind. Abgedeckt 30 Minuten ruhen lassen.
2. **Kneten:** Sauerteig und Salz hinzufügen und einige Minuten kneten, bis ein glatter Teig entsteht.
3. **Erste Teigruhe:** Den Teig abgedeckt 3 Stunden bei etwa 25 °C reifen lassen und dabei alle 30 Minuten dehnen und falten.
4. **Vorformen:** Den Teig auf eine leicht bemehlte Arbeitsfläche geben. Mit der befeuchteten flachen Hand etwas ausbreiten. Die Blaubeeren zwischen mit den Fingern andrücken und gleichmäßig auf dem Teig verteilen. Die Teigränder mithilfe einer bemehlten Teigkarte in die Mitte schlagen, bis eine Kugelform entsteht. Mit Schluss nach unten 15 Minuten ruhen lassen.
5. **Formen und zweite Teigruhe:** Den Teigling mit einer bemehlten Teigkarte wenden und formen. Mit Teigschluss nach oben in einen bemehlten Gärkorb legen und abgedeckt 2 Stunden bei 25 °C reifen lassen.
6. Den Backofen und darin einen Topf mit Deckel auf 250 °C (Ober-/Unterhitze) 30 Minuten vorheizen.
7. **Backen:** Sobald der Ofen die Backtemperatur erreicht hat, den Topf aus dem Ofen holen und den Deckel abnehmen. Den Teigling im Gärkorb mit einem Stück Backpapier belegen und darauf in eine Hand stürzen. Rasch mit einer Klinge einschneiden und mit dem Backpapier in den heißen Topf geben. Den Deckel auflegen.
8. Das Brot im Ofen 30 Minuten backen. Dann den Deckel abnehmen und die Ofentemperatur auf 230 °C senken. Weitere 20 Minuten backen.
9. Das Brot auf ein Kuchengitter heben und vor dem Anschneiden vollständig abkühlen lassen.

Superweiches Kastenbrot

Wenn Sie gute Sandwiches und wattig-weiche Brote mögen, werden Sie diesem ultraluftigen Toastbrot nicht widerstehen können. Dafür wird zunächst ein Teil des Mehls mit kochendem Wasser überbrüht, wodurch die Mehlstärke vorverkleistert und sich so ein stabiles Glutennetzwerk entwickeln kann, was zu einem ausgezeichneten Trieb und einer sehr weichen Krume führt. Damit der Teig schön aufgeht, sollte die Kastenform nicht zu groß sein.

ZUBEREITUNG/RUHE 12 Std. BACKEN 35 Min. Hält sich 1 Woche in einer luftdicht verschlossenen Dose

Für eine Form von 27 x 11 cm

Brühstück
- 70 g backstarkes Weizenmehl Type 405 oder 550 mit einem hohen Proteinanteil, z. B. Manitobamehl
- 70 ml Wasser

Sauerteig
- 40 g vollaktiver Sauerteig
- 120 g Weizenmehl Type 812
- 120 ml Wasser

Hauptteig
- 190 g backstarkes Weizenmehl Type 405 oder 550 mit einem hohen Proteinanteil, z. B. Manitobamehl
- 90 g Weizenvollkornmehl oder Type 1050
- ½ TL Salz
- 25 g Ahornsirup oder 30 g Vollrohrzucker
- 100 ml kalte Vollmilch
- 35 g weiche Butter
- zarte Haferflocken zum Bestreuen

Am Vorabend

1. Für das Brühstück das Wasser zum Kochen bringen und in einer kleinen Schüssel klümpchenfrei mit dem Mehl verrühren. Abgedeckt abkühlen lassen. Für den Sauerteig alle Zutaten in einer Schüssel mischen und abdecken. Beide Zubereitungen mindestens 4 Stunden kalt stellen.

Am Backtag

2. Brühstück und Sauerteig aus dem Kühlschrank nehmen und auf Raumtemperatur angleichen lassen. Mehle, Salz, Sirup, Sauerteig und Brühstück in der Küchenmaschine auf niedriger Stufe kneten. Nach und nach die Milch einarbeiten (normalerweise ist die gesamte Menge notwendig, wenn Ihr Mehl aber nicht so viel Flüssigkeit aufnimmt, können schon 80–90 ml ausreichen). Anschließend 15 Minuten auf mittlerer Stufe kneten.
3. Die Butter in kleinen Stücken hinzufügen und weitere 15 Minuten kneten, bis sie vollständig eingearbeitet ist. Der Teig muss den Fenstertest bestehen.
4. Den Teig abgedeckt 1–2 Stunden reifen lassen; er sollte deutlich aufgehen. Den Teig halbieren oder dritteln und zu Kugeln vorformen.
5. Die erste Kugel vom Körper weg zu einem langen Rechteck ausrollen. Das obere und untere Drittel über die Mitte schlagen und mit dem Teigroller flach drücken. Den Teig von unten nach oben aufrollen. In den Haferflocken wälzen. Den Teigling in die gebutterte Kastenform geben. Mit der zweiten (und eventuell dritten) Teigportion ebenso verfahren und sie nebeneinander in die Form geben.
6. Abgedeckt 3–5 Stunden reifen lassen, bis sich das Teigvolumen verdoppelt hat und die Form ausfüllt ist.

7. Den Backofen auf 180 °C vorheizen (Ober-/Unterhitze; keine Umluft, da der Teig zu stark austrocknen würde). Eine Schale mit Wasser auf den Ofenboden stellen. Sobald die Backtemperatur erreicht ist, das Brot in den Ofen schieben und 25 Minuten backen. Die Ofentemperatur auf 150 °C reduzieren und das Brot weitere 10 Minuten backen.

8. Das Brot aus der Form lösen und sofort in Frischhaltefolie einschlagen. So kann kein Dampf mehr entweichen und die Krume bleibt supersaftig.

9. Das Brot vollständig abkühlen lassen. So lässt es sich besser schneiden und ist besser verdaulich.

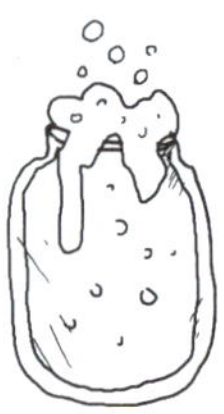

HINWEIS

- Durch das Brühstück kann der Wasseranteil des Brotes erhöht werden, was zu einer besonders weichen, saftigen Krume führt.

Brot aus aller Welt

Pizzateig Napoli

Pizza ist bei mir ein ganz großes Thema! Ich hasse diesen dicken, briocheartigen Teig nach amerikanischem Vorbild mit der gummiartigen Textur. Für mich muss eine Pizza einfach sein und auf den Punkt kommen: mit einem sehr dünnen Boden aus Brotteig – ohne Olivenöl! – mit knusprigem, schön aufgegangenem Rand und einem einfachen, aber gut gewählten Belag. Eine Pizza „wie beim Italiener" so ganz ohne Steinofen hinzubekommen, ist daheim leider kaum möglich. Deshalb gebe ich Ihnen hier ein paar Tipps, wie Sie zumindest zu einem sehr anständigen Ergebnis gelangen können. Mein Pizzateig, ganz ohne Hefe, nur mit Sauerteig, reift lange und erhält so eine ideale Textur und megaleckere Aromen.

ZUBEREITUNG 10 Min. **RUHE** 24 Std. für die erste Teigruhe, 1:30 Std. vor dem Backen
Hält sich 1 Tag in einem Brotbeutel oder einer luftdicht verschlossenen Dose

Für 4 Pizzen

- 80 g vollaktiver Sauerteig
- 400 g italienisches Weizenmehl Tipo 00 (oder Weizenmehl Type 405)
- 100 g italienisches Weizenmehl Tipo 0 (oder Weizenmehl Type 550)
- 8 g Meersalz
- 1 EL Vollrohrzucker (für eine schönere Bräunung)
- 350 ml Wasser (40 °C)
- italienisches Hartweizenmehl zum Bestäuben

---

1. **Am Vortag:** Alle Zutaten, bis auf das Wasser, in der Küchenmaschine mit dem Knethaken auf mittlerer Stufe mischen. Das Wasser nach und nach und nur so viel einarbeiten, bis ein homogener, klebriger Teig entsteht.
2. Den Teig 10–15 Minuten auf mittlerer Stufe kneten, bis er sich von der Schüsselwand löst.
3. Den Teig abgedeckt 24 Stunden im Kühlschrank reifen lassen.
4. **Am Backtag:** Den Teig aus dem Kühlschrank nehmen und auf Raumtemperatur angleichen lassen.
5. Den Teig auf eine leicht bemehlte Arbeitsfläche geben. Mithilfe einer Teigkarte in vier gleich große Portionen teilen und zu Kugeln vorformen.
6. Die Teiglinge mit Hartweizenmehl bestäuben und mit einem Tuch abgedeckt mindestens 1 Stunde ruhen lassen.
7. Den Backofen auf 250 °C vorheizen (Ober-/Unterhitze; keine Umluft, da der Teig zu stark austrocknen würde) und dabei ein Backblech auf der untersten Schiene mitaufheizen.

Fortsetzung nächste Seite ▶

8. Den Teig unmittelbar vor dem Backen formen. Dafür einen Teigling auf eine bemehlte Arbeitsfläche geben und von Hand in Runden von innen nach außen flach drücken, sodass die Teigscheibe in der Mitte dünn und am Rand etwas dicker ist. Auf einen Bogen Backpapier legen.

9. Mit einer Pizzasauce und einem Belag nach Wahl garnieren. Sofort in den Ofen schieben und etwa 12 Minuten backen. Mit den restlichen Teiglingen ebenso verfahren.

10. Heiß servieren.

TIPPS

- Für Pizzateig verwende ich italienische Weizenmehle mit höherem Proteingehalt, damit er ein starkes Glutengerüst mit ordentlichem Ofentrieb entwickelt. Italienische Weizenmehle gibt es mittlerweile in jedem größeren, gut sortierten Supermarkt. Sollten Sie nicht fündig werden, können Sie Weizenmehl nach deutscher Typisierung verwenden; eventuell muss der Wasseranteil angepasst werden.
- Sie können den Pizzateig auch bis zu 48 Stunden im Voraus zubereiten und im Kühlschrank reifen lassen.
- Wenn Sie häufiger Pizza zubereiten, lohnt sich die Anschaffung eines Pizzabacksteins, auf dem der Pizzateig besonders knusprig backt. Er sollte gut vorheizt werden, damit er maximal heiß ist, wenn die Pizza in den Ofen geschoben wird.
- Wenn Sie Mozzarella als Pizzakäse verwenden, kann er auch erst nach dem Backen auf die Pizza gelegt bzw. gestreut werden, da er sonst möglicherweise austrocknet, zu braun wird und beim Abkühlen zäh werden kann. Verteilen Sie ihn auf der Pizza, sobald sie aus dem Ofen kommt und noch heiß genug ist, damit der Käse schmilzt und herrlich lange Fäden zieht.

HINWEIS

Die hier abgebildeten Pizzen wurden in einem Holzofen gebacken.

Focaccia

Die italienische Focaccia erinnert nicht nur dem Namen nach – der sich vom lateinischen *panis focacius* ableitet, was so viel wie „im Ofen gebackenes Fladenbrot" bedeutet – an die provenzalische *fogassa* oder die burgundische *fouaisse*. Im Gegensatz zu ihrer anderen toskanischen Verwandten, der Schiacciata, die dünn und knusprig ist, ist eine Focaccia dick und luftig. In der Regel wird sie mit Olivenöl beträufelt und mit Salz und Kräutern, vorzugsweise Rosmarin oder Bohnenkraut, bestreut.
Damit meine Focaccia luftig *und* knusprig wird, verwende ich Weizenmehl mit hohem Proteingehalt wie italienisches (Weich-)Weizenmehl Tipo 00, das sehr viel Wasser binden kann und deshalb eine wunderbar lockere Krume ergibt.

ZUBEREITUNG 10 Min. RUHE 6 Std. BACKEN 30 Min. Hält sich in Stücke geschnitten einige Tage im Brotbeutel

Für 8-10 Portionen

- 80 g vollaktiver Sauerteig
- 100 g Weizenmehl Tipo 00 oder anderes proteinreiches helles Weizenmehl (etwa 13 %)
- 300 g Weizenmehl Type 812
- 6 g Meersalz
- 300–330 ml Wasser
- 15 ml Olivenöl, plus mehr zum Beträufeln
- Salzflocken oder grobes Meersalz
- getrocknete Kräuter, wie Oregano, Rosmarin oder Thymian

1. Alle Zutaten bis auf das Wasser in der Küchenmaschine mit dem Knethaken auf mittlerer Stufe mischen. Nach und nach nur so viel Wasser einarbeiten, bis ein homogener, sehr feuchter und klebriger Teig entstanden ist.
2. Den Teig 10–15 Minuten auf mittlerer Stufe kneten, bis er sich von der Schüsselwand löst.
3. Den Teig abgedeckt 4 Stunden bei Raumtemperatur reifen lassen. Nach Belieben alle 30 Minuten dehnen und falten, um die Gärgase gleichmäßig zu verteilen und den Teig zu straffen.
4. Den Teig direkt in die geölte Backform geben (siehe Tipp). Die Oberfläche mithilfe einer Teigkarte glätten und den Teigling abgedeckt weitere 2 Stunden bei Raumtemperatur (oder für einen besseren Trieb bei 25–30 °C) reifen lassen.
5. Wenn der Teig aufgegangen ist, den Backofen 30 Minuten auf 230 °C vorheizen (Ober-/Unterhitze).
6. Den Teigling mit befeuchteten Fingern in regelmäßigen Abständen eindrücken. Mit Olivenöl beträufeln und mit Salz und Kräutern bestreuen.
7. Den Teigling sofort in den Ofen schieben und auf mittlerer Schiene etwa 30 Minuten backen, bis die Focaccia schön aufgegangen und gebräunt ist.

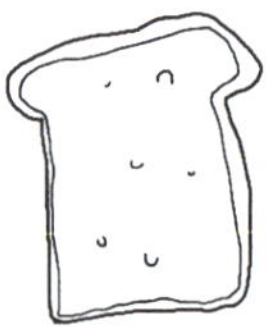

TIPPS

- Vor dem Backen löse ich etwas Salz in etwas Wasser auf und gebe einen knappen Teelöffel davon in jede Vertiefung. Das Salzwasser verdampft schnell beim Backen und der Dampf sorgt zusätzlich für einen schönen Ofentrieb, eine weiche Krume und eine dünne Kruste. In dem Fall das Brot mit weniger Salz bestreuen.
- Man kann den Teig auch am Vortag zubereiten. Über Nacht (8–10 Stunden) im Kühlschrank reifen lassen und am Backtag mit Schritt 4 fortfahren. Das Brot schmeckt durch die lange Teigführung noch aromatischer.

DAS GEWISSE ETWAS …

Für eine dicke, saftige Focaccia eine nicht allzu große quadratische oder rechteckige Form aus Metall auswahlen, damit sich der Teig in die Höhe entwickelt und nicht so sehr in die Breite.

Wikingerbrot

Dieses herzhafte, saftige Roggenbrot mit ganzen oder geschroteten Körnern ist reich an Omega-3-Fettsäuren und eine gesunde, sättigende Basis für Ihr Frühstück oder Pausenbrot. Ich persönlich liebe es mit Käse, Rucola und Gewürzgurken! Kleiner Bonus: Der Teig muss nicht geknetet werden und ist insgesamt nur wenig aufwendig.
Am Vortag müssen die Zutaten einfach gemischt werden, dann überlässt man alles den natürlichen Gärprozessen ... nun ja, fast alles. Durch die typischen würzigen, leicht süßlichen Roggenaromen hat dieses Kastenbrot einen besonders starken Charakter. Man könnte meinen, es steckte tatsächlich ein Wikinger drin!

ZUBEREITUNG 5 Min. RUHE 13–25 Std. BACKEN 50–60 Min. Hält sich gut verpackt und gekühlt 1 bis 2 Wochen

Für einen Laib
(Kastenform 20 x 10 cm)

- 125 g Roggenmehl Type 1370
- 200 g ganze oder geschrotete Roggenkörner, 2 Stunden in Wasser eingeweicht und abgetropft
- 150 g Sonnenblumenkerne, 2 Stunden in Wasser eingeweicht und abgetropft
- 1 TL Meersalz
- 1 TL Kakaopulver
- 300 ml Wasser (30 °C)
- 1 TL Honig oder Zuckerrübensirup
- 200 g vollaktiver Sauerteig, mit Roggenmehl aufgefrischt

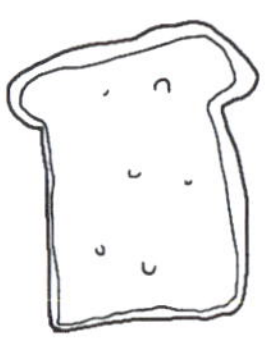

1. **Am Vortag:** Mehl, Körner bzw. Schrot, Sonnenblumenkerne, Salz und Kakao in einer Schüssel mischen.
2. Wasser, Honig und Sauerteig sorgfältig einarbeiten. Abgedeckt 12–24 Stunden reifen lassen.

3. **Am Backtag:** Eine Kastenform mit Backpapier auskleiden und den Teig darin verteilen.
Abgedeckt weitere 60 Minuten reifen lassen.
4. Inzwischen den Backofen auf 240 °C vorheizen. Eine ofenfeste Schale mit Wasser auf den Ofenboden stellen, um eine feuchte Backumgebung zu erzeugen.
5. Unmittelbar vor dem Backen die Ofentemperatur auf 175 °C reduzieren. Das Brot auf der mittleren Schiene 50–60 Minuten backen.
6. Das Brot aus der Form lösen und vor dem Anschneiden 2 Stunden auf einem Gitter abkühlen lassen.

TIPPS

- Wenn Sie keinen geschroteten Roggen finden, können Sie die Körner auch in einem Mixer mit der Pulse-Funktion zerkleinern. Achtung, die Körner nicht zu lange bearbeiten; es sollte eine grobe Textur erhalten bleiben.
- Je länger der Teig zur Reife gestellt wird, desto mehr Säurenoten entwickeln sich. Es liegt also an Ihnen, wie das Ergebnis ausfällt: 12 Stunden für ein milderes Brot, 24 Stunden für ein kräftigeres Brot.
- Vor dem Backen kann das Brot mit Sonnenblumen- oder Kürbiskernen bestreut werden, die für zusätzlichen Biss und nussige Aromen sorgen.
- Dieses Brot bleibt durch die vielen Roggenkörner lange frisch und saftig und schmeckt nach ein paar Tagen sogar noch besser!

Pita-Brote

Diese kleinen Fladenbrote sind in Griechenland und im gesamten Nahen Osten anzutreffen. Mich erinnern sie aber vor allem an meine Zeit in Kairo und mein köstliches ägyptisches Frühstück. Achtung, die Brote müssen unbedingt direkt nach dem Backen in saubere Tücher, eine Papiertüte oder eine Dose gepackt werden, damit sie weich bleiben.

ZUBEREITUNG 30 Min. RUHE 3 Std. BACKEN 20 Min. Hält sich 2 Tage

Für 8 Pitas

- 300 g Weizenmehl Type 812
- 1 TL Salz
- 1 Prise Backpulver
- 60 g übrig gebliebenes Anstellgut (egal, ob aktiv oder nicht)
- 25 ml Pflanzenöl
- 140 ml Wasser (40 °C)

GUT ZU WISSEN

- Pita-Brote kann man prima füllen. Man muss sie nur am Rand einschneiden und kann die so entstandenen Taschen dann mit Zutaten nach Wahl füllen, wie etwa Rohkostsalat, Feta, Hummus ...

1. Mehl, Salz und Backpulver in der Küchenmaschine kurz mit dem Knethaken mischen. Sauerteig, Öl und Wasser einarbeiten.
2. Den Teig 5 Minuten auf mittlerer Stufe kneten, bis er sich um den Knethaken schlingt und kein trockenes Mehl mehr in der Schüssel zu sehen ist. Wenn der Teig zu flüssig ist, etwas zusätzliches Mehl einarbeiten; er sollte weich, aber nicht klebrig sein.
3. Den Teig zu einer Kugel formen und mit Frischhaltefolie abgedeckt 2 Stunden reifen lassen.
4. Den Teig in acht gleich große Portionen teilen und auf einer leicht bemehlten Arbeitsfläche zu Kugeln vorformen. Abgedeckt 1 Stunde ruhen lassen.
5. Die Teiglinge auf einer bemehlten Arbeitsfläche von Hand flach drücken, dann mit einem Teigroller zu etwa 5 mm dicken Scheiben ausrollen, nicht dünner, da der Teig beim Backen sonst nicht zu seiner charakteristischen Form aufgehen kann.

6.a **Backen in der Pfanne:** Eine Pfanne stark erhitzen. Einen Teigling hineingeben und 1 Minute backen, bis er kissenartig aufgegangen ist. Die Pita wenden und von der anderen Seite 20 Sekunden backen. Aus der Pfanne nehmen und in ein feuchtes Tuch einschlagen. Mit den restlichen Teiglingen ebenso verfahren.

6.b **Backen im Elektro-/Gasofen:** Den Backofen mit einem Backblech oder Backstein auf 250 °C vorheizen. Einen Teigling darauflegen und die Ofentür sofort schließen. Die Pita 3–4 Minuten darin backen.

6.c **Backen im Holzofen:** Einen Teigling in den heißen Ofen schieben, wo er in wenigen Sekunden aufgeht. Die Pita wenden und einige weitere Sekunden backen, nicht länger, da sie sonst beim Abkühlen ihre weiche Textur verliert.

DAS GEWISSE EXTRA …

Man kann Pita-Brote auf einem normalen Backblech backen; besser gelingen sie aber auf einem Backstein, der den heißen Boden eines Steinofens nachahmt und ausgezeichnete Ergebnisse liefert.

Piemontesische Grissini

Es heißt, Napoleon Bonaparte habe diese Knabberstangen so geliebt, dass er Anfang des 19. Jahrhunderts einen Lieferdienst zwischen Paris und Turin, der Hauptstadt des Piemonts, einrichten ließ, der quasi exklusiv dem Transport der „Turiner Stangen“ diente. Grissini wurden wohl vom Hofbäcker des Königs Vittorio Amedeo II. erfunden, da dieser weiches Brot nicht vertrug. In Italien sind die Stangen eine echte Institution.
Ob pur, mit Mohn, mit Oliven, *integrali* oder *senza glutine,* mit Pflanzenkohle, *piccolini* oder *grandi* – Grissini gibt es für jeden Geschmack und in verschiedenen Varianten, aber die Zubereitung sollte immer ernst genommen werden … immer!
Es gibt zwei Arten, sie in Form zu bringen: durch Ziehen oder Drehen. Ich zeige Ihnen hier die Ziehtechnik, die zu mürberen Stangen führt.

ZUBEREITUNG 20 Min. RUHE 2 Std. BACKEN 15–20 Min. Halten sich mehrere Woche in einer luftdicht verschlossenen Dose

Für etwa 15 Grissini

- 200 g vollaktiver Sauerteig
- 150 g italienisches Hartweizenmehl, plus etwas zum Bestäuben
- 50 g Weizenmehl Type 812
- 80 ml Wasser
- 20 ml Olivenöl
- 8 g Salz

1. Alle Zutaten mit dem Knethaken in der Küchenmaschine etwa 10 Minuten auf mittlerer Stufe kneten, bis ein elastischer Teig entstanden ist.
2. Den Teig 2 Stunden ruhen lassen.
3. Den Backofen auf 200 °C vorheizen.
4. Den Teig auf einer leicht bemehlten Arbeitsfläche 2 cm dick ausrollen. Mit Hartweizenmehl bestäuben und in 1,5 cm breite Streifen schneiden.
5. Jeden Streifen von Hand auf eine Länge von etwa 30 cm ziehen.
6. Die Teigstreifen auf ein mit Backpapier belegtes Backblech legen.
7. Die Teigstangen im heißen Ofen 15–20 Minuten backen, bis sie leicht gebräunt sind. Auf ein Gitter heben und vor dem Servieren mindestens 2 Stunden abkühlen lassen.

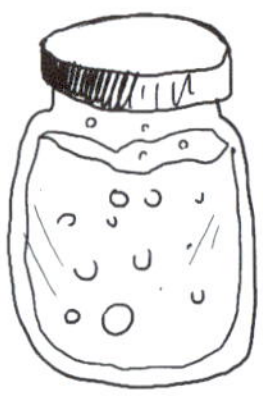

TIPPS

- Man kann den Teig mit Saaten, gehackten Oliven oder Kräutern pimpen oder andere Mehlsorten verwenden. Die Wassermenge muss dann eventuell angepasst werden.
- Grissini werden einfach so oder mit einem Dip geknabbert. Man kann sie aber auch in Milch einweichen oder in Brühe bröseln, wie es die Italiener tun.

Burgerbrötchen

Ich liebe Burger! Ich mag ihre Lässigkeit und dass man sie spontan nach Lust und Laune variieren kann, sodass jeder seine Lieblingszutaten zwischen den Brötchenhälften hat. Ich persönlich mag Burger am liebsten saftig, mit viel Käse, schön und würzig, mit schwarzem Rettich oder Kimchi.
Hier zeige ich Ihnen, wie Sie weiche Burger Buns, die geschmacklich perfekt zu jedem herzhaften Belag passen, auch mit Sauerteig selbst backen können. Ein komplett selbst zubereiteter Burger ist garantiert gesünder und nahrhafter als jedes Fastfood-Zeug.

ZUBEREITUNG 20 Min. RUHE 5 Std. BACKEN 15 Min. Halten sich 2 Tage in einer luftdicht verschlossenen Dose

Für 8 Brötchen

- 200 g Weizenmehl Type 812
- 300 g Weizenmehl Type 550
- 3 EL Vollrohrzucker
- 1 TL Salz
- 100 g vollaktiver Sauerteig
- 1 Ei
- 250 ml lauwarme Milch (die genaue Menge hängt von der Absorptionsfähigkeit des Mehls ab)
- 40 g weiche Butter
- 1 Eigelb
- helle Sesamsaat

1. Beide Mehlsorten, Zucker und Salz in der Schüssel der Küchenmaschine mischen. Sauerteig, Ei und nach und nach die Milch mit dem Knethaken einarbeiten, bis die Zutaten gebunden sind. Den Teig 5 Minuten auf mittlerer Stufe kneten, bis er locker, aber noch leicht klebrig ist. Die Butter hinzufügen und weitere 5 Minuten kneten.
Den Teig abgedeckt 2 Stunden reifen lassen.
2. Den Teig 30 Sek. kneten und 1 weitere Stunde abgedeckt reifen lassen.
3. Den Teig auf einer leicht bemehlten Arbeitsfläche in acht gleich große Portionen teilen und zu Kugeln formen. Die Kugeln auf ein mit Backpapier belegtes oder eingeöltes Backblech legen und abgedeckt weitere 2 Stunden ruhen lassen.
4. Den Backofen auf 200 °C vorheizen.
5. Die Teiglinge mit dem verquirlten Eigelb bestreichen und mit etwas Sesam bestreuen.
6. Die Teiglinge im heißen Ofen 15 Minuten goldbraun backen.
7. Die Brötchen auf ein Gitter heben und sofort mit einem sauberen Tuch bedecken, damit die Kruste beim Abkühlen nicht hart wird.

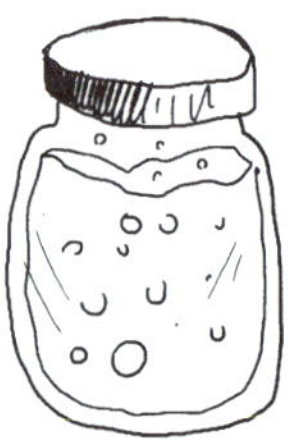

TIPPS

- Mit befeuchteten oder bemehlten Händen lässt sich der Teig leichter zu Kugeln formen.
- Da die Absorptionsfähigkeit des Mehls von Mühle zu Mühle variieren kann, sollte die Milch immer nur in kleinen Mengen zugegeben werden, damit der Teig nicht zu feucht wird. Wenn er zu trocken ist, noch etwas zusätzliche Milch hinzufügen.
- Sie können auch stylische Black Buns zubereiten, indem Sie 10 g Aktivkohlepulver in Schritt 1 unters Mehl mischen.

4 DOZ.
TINS

Marokkanisches Matlou

Dieses traditionelle marokkanische Fladenbrot aus Hartweizenmehl ist, wenn es in kleineren flachen Brötchen angeboten wird, auch als *batbout* bekannt. Aber egal wie groß – dieses flache Pfannenbrot ist es die ideale Beilage zu einer würzigen Gemüse-Tajine mit vielen frischen Kräutern.
Durch das Backen in der Pfanne erhält das Brot eine dünne goldbraune, knusprige Kruste. Je nach Sitte wird das Brot am Tisch weitergereicht, sodass sich jeder ein Stück abreißen kann.

ZUBEREITUNG 5 Min. RUHE 4:30 bis 5:30 Std. BACKEN 20 Min. Hält sich mehrere Tage in einem Tuch

Für einen Laib von 750 g

- 100 g vollaktiver Sauerteig
- 300 g Weizenmehl Type 812
- 200 g Hartweizenmehl
- 380–400 ml Wasser (30–40 °C)
- 8 g Meersalz

TIPPS

- Für zusätzliches Aroma können Sie den Brotteig mit Gewürzen wie Kreuzkümmel, Koriander oder Schwarzkümmelsamen anreichern.
- Für die Miniaturversion (batbout) den Teig 1 cm dick ausrollen und mit einem Ausstecher oder einem Trinkglas Kreise ausstechen. Wie oben beschrieben ruhen lassen und in der Pfanne backen.

1. Alle Zutaten in der Küchenmaschine 5 Minuten auf mittlerer Stufe kneten, bis sich der Teig von der Schüsselwand löst. Falls der Teig noch zu weich ist, etwas zusätzliches Hartweizenmehl zugeben, wenn er zu fest ist, noch etwas Wasser einarbeiten.
2. Den Teig abgedeckt 3 Stunden bei 25 °C in der Schüssel reifen lassen.
3. Den Teig auf eine leicht bemehlte Arbeitsfläche geben, in vier gleich große Portionen teilen und zu Kugeln vorformen.
Abgedeckt 30 Minuten ruhen lassen.
4. Die Kugeln mit Hartweizenmehl bestäuben und von Hand zu etwa 2 cm dicken Scheiben drücken und formen. Auf ein feuchtes Tuch heben. Mit einem zweiten Tuch bedecken und weitere 1–2 Stunden ruhen lassen. Die Teiglinge sollten leicht aufgegangen sein.
5. Eine beschichtete Pfanne mit Deckel bei mittlerer Hitze einige Minuten heiß werden lassen.
6. Mit dem Daumen ein kleines Loch in die Mitte des ersten Teiglings drücken, damit der Dampf beim Backen entweichen kann und sich so die Hitze auf die ganze Teigoberfläche verteilt. Damit geht der Teig nicht nur in der Mitte auf.
7. Den Teigling sofort in die heiße Pfanne geben und mit aufgelegtem Deckel 3–4 Minuten backen. Sobald das Fladenbrot zu bräunen beginnt, mit einem Pfannenwender drehen. Den Deckel wieder auflegen und das Brot von der anderen Seite ebenfalls sanft backen, bis es aufgegangen und leicht gebräunt ist.
8. Das Fladenbrot auf ein Gitter heben und sofort mit einem Tuch bedecken. Die anderen Teiglinge ebenso backen.

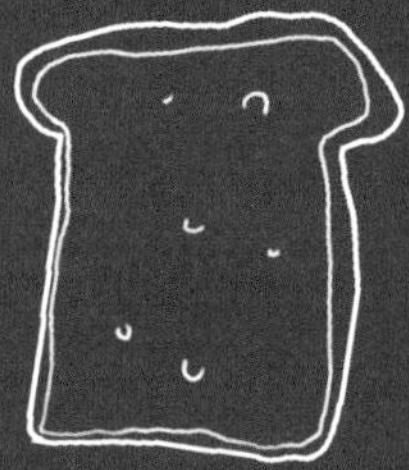

Süße Brote

Challa (mit Brühstück)

Challa ist ein traditioneller, leicht süßer jüdischer Hefezopf, der am Vorabend des Schabbats oder zum jüdischen Neujahrsfest Rosch ha-Schana gebacken wird. Dieses Challa wird ohne Milchprodukte zubereitet; Butter und Milch werden durch Öl und Wasser ersetzt, was den Vorteil hat, dass der Teig leichter ist. Für eine besonders weiche Krume bereite ich meine Challa-Variante mit einem Brühstück zu (siehe superweiches Kastenbrot, Seite 88). Das Ergebnis ist superlecker und sehr luftig!

ZUBEREITUNG 35 Min. RUHE 9–10 Std. (oder mehr über Nacht) BACKEN 40–45 Min. Hält sich einige Tage in einem Brotbeutel oder einer luftdicht verschlossenen Dose

Für einen Laib von 750 g

Brühstück
- 70 ml Wasser
- 70 g backstarkes Weizenmehl Type 405 mit hohem Proteinanteil, z. B. Manitobamehl

Hauptteig
- 80 g vollaktiver Sauerteig
- 350 g backstarkes Weizenmehl Type 405 mit hohem Proteinanteil, z. B. Manitobamehl
- 50 g Weizenmehl Type 812
- 40 g Sonnenblumenöl
- 1 Ei
- 35 g Vollrohrzucker
- 1 TL Salz
- 200 ml Wasser
- 1 Eigelb zum Bestreichen
- helle oder schwarze Sesamsaat zum Bestreuen

1. **Mindestens 4 Stunden im Voraus oder am Vortag:** Für das Brühstück das Wasser aufkochen. Das Mehl in eine kleine Schüssel geben und mit dem kochenden Wasser klümpchenfrei verrühren. Mit Frischhaltefolie abdecken und abkühlen lassen.

2. Das abgekühlte Brühstück mit den Zutaten des Hauptteigs – bis auf das Wasser – in der Küchenmaschine auf mittlerer Stufe mischen.

3. Nach und nach das Wasser einarbeiten, bis ein feuchter, leicht klebriger Teig entstanden ist. Dann 10–15 Minuten auf mittlerer Stufe kneten, bis sich der Teig von der Schüsselwand löst.

4. Den Teig abgedeckt 3 Stunden bei Raumtemperatur oder über Nacht im Kühlschrank reifen lassen.

5. Den Teig auf eine leicht bemehlte Arbeitsfläche geben, in sechs gleich große Portionen teilen und diese zu Kugeln vorformen. Mit einem sauberen Tuch abgedeckt 10 Minuten ruhen lassen.

6. **Formen (siehe Fotos rechts):** Die Kugeln zu gut 30 cm langen Strängen formen. Die Stränge vom Körper weg nebeneinander auf der bemehlten Arbeitsfläche auslegen und oben zusammendrücken. Locker zu einem Zopf flechten. Die Enden zusammendrücken und nach unten einschlagen.

7. Die Challa auf ein mit Backpapier belegtes (vorzugsweise gelochtes) Backblech heben. Mit verquirltem Ei bestreichen, dann 2–3 Stunden bei 25 °C reifen lassen.

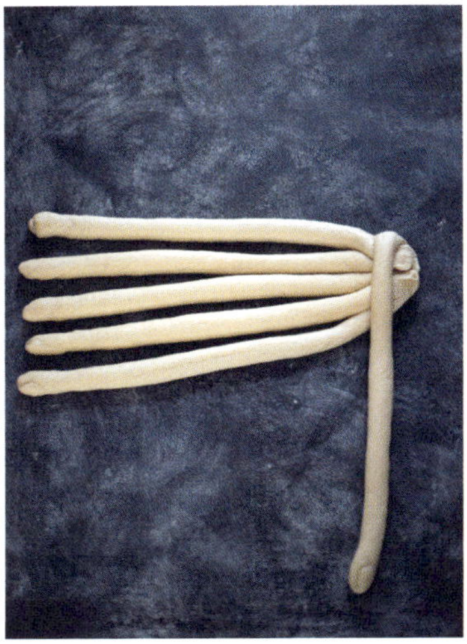
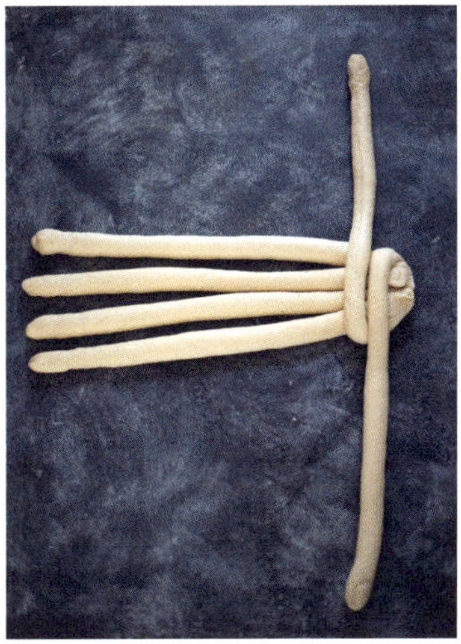
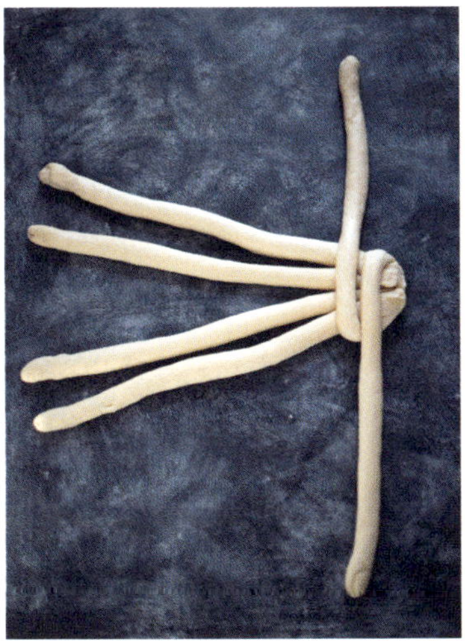
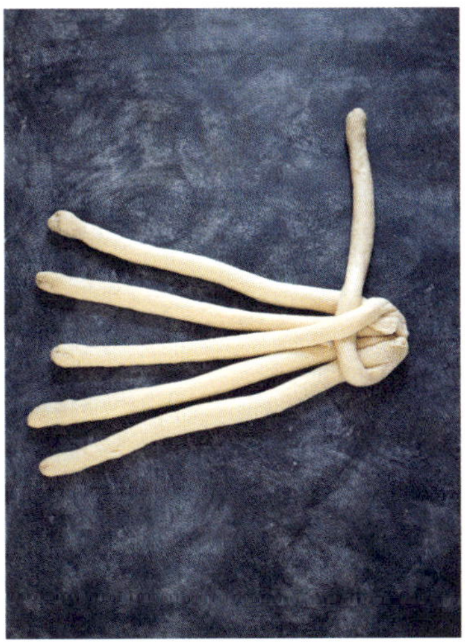

Fortsetzung nächste Seite ▶

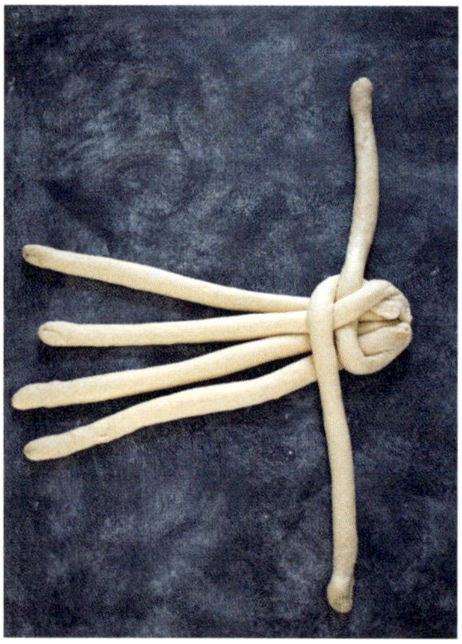

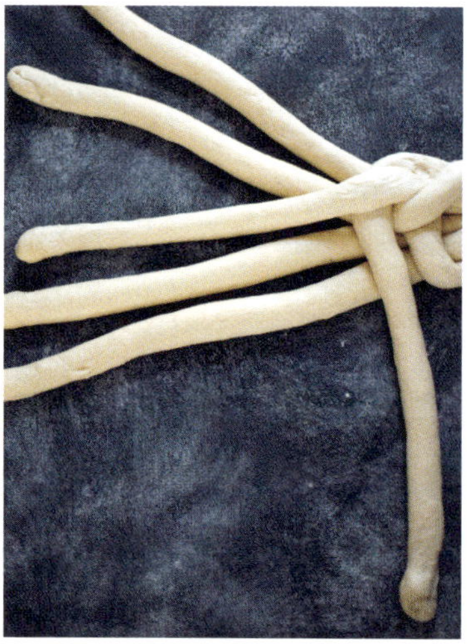

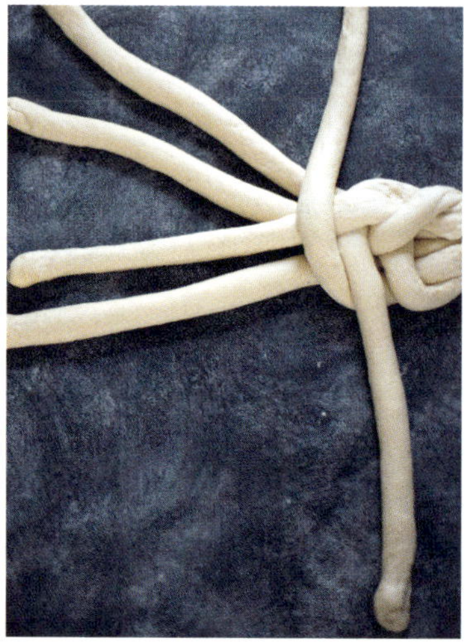

8. 30 Minuten vor Ende der Stückgare den Backofen auf 190 °C (Umluft) vorheizen. Eine ofenfeste Schale mit Wasser auf den Ofenboden stellen, um eine feuchte Backumgebung zu erzeugen.

9. Die Challa ein zweites Mal mit Ei bestreichen und großzügig mit Sesam bestreuen.

10. Die Challa im Ofen 10 Minuten backen. Die Ofentemperatur auf 180 °C reduzieren und weitere 30–35 Minuten goldbraun backen.

11. Das Brot auf ein Gitter heben und sofort mit einem sauberen Tuch abdecken, damit die Kruste weich bleibt. Abkühlen lassen.

GUT ZU WISSEN

- Abgesehen davon, dass ein sauerteiggeführter Teig immer wesentlich länger reifen muss als ein hefegeführter, ist der Trieb auch nicht so stark, sodass der Eindruck entstehen kann, dass der Teig nicht so stark aufgeht. Die größte Volumenzunahme erfolgt aber hier nicht während der Reifezeit, sondern erst durch den Ofentrieb.
- Der Zopf kann auch mit 3 oder 4 Strängen geflochten werden. Im Internet gibt es viele Tutorials und Erklärvideos, die die verschiedenen Flechttechniken sehr gut veranschaulichen.

Gewürzkuchen aus Reims

Ich liebe Gewürzkuchen! Jedes Jahr im Winter freue ich mich wie ein Kind auf die eine oder andere Scheibe zu einer guten Tasse Schwarztee. Die Honig- und Zimtnoten sowie die besondere Textur dieses Kuchens versetzen mich immer in meine Schulzeit zurück.

Das Originalrezept für diesen Gewürzkuchen aus dem ostfranzösischen Reims enthält weder Ei noch Butter oder Milch. Früher wurde der Teig mehrere Wochen zur Reife gestellt, damit sich die Aromen der Gewürze und des Roggenmehls noch besser entwickeln. Bei meiner Version wollte ich natürlich ein wenig Sauerteig einarbeiten, um dem Kuchen meinen persönlichen Stempel aufzudrücken, und ich bin mit dem Ergebnis auch sehr zufrieden. Er ist herrlich saftig und schmeckt dazu noch grandios.

ZUBEREITUNG 15 Min. BACKEN 1 Std. Hält sich einige Tage in einer dicht verschlossenen Dose

Für einen großen oder drei kleine Kuchen

- 300 g Honig, wie Akazienhonig
- 130 ml Wasser
- ½ TL gemahlener Zimt
- 1 TL gemahlener Ingwer
- ½ TL gemahlener Anis
- etwas frisch geriebene Muskatnuss
- 300 g Roggenmehl Type 1370
- 30 g Zucker
- 1 TL Backpulver
- ½ TL Salz
- 2 EL Olivenöl
- 150 g übrig gebliebenes Anstellgut

1. Den Backofen auf 150 °C vorheizen.
2. Honig, Wasser und Gewürze in einem Topf auf niedriger Stufe erhitzen. Sobald die Mischung aufwallt, den Topf vom Herd nehmen und abkühlen lassen (wichtig für das Gelingen des Rezepts).
3. Alle Trockenzutaten mit dem Olivenöl in einer Schüssel mischen. Den abgekühlten Würzhonig und das Anstellgut hinzufügen. Sorgfältig mit einem Schneebesen rühren, bis ein glatter Teig entsteht.
4. Eine Kastenform (oder drei kleine) mit Backpapier auskleiden und den Teig einfüllen.
5. Im vorgeheizten Ofen 60 Minuten auf der mittleren Schiene backen.
6. Nach 15 Minuten Backzeit den Teig mit einem Backmesser längs einritzen, sodass der Teig schöner aufgeht.
7. Den Backvorgang überwachen. Wenn der Kuchen zu schnell bräunt, die Oberfläche mit Alufolie abdecken.

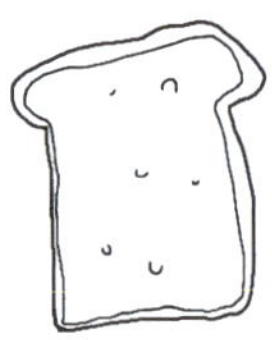

TIPPS

- Ich empfehle, den Kuchen nach dem Backen sofort aus der Form zu lösen und zum Abkühlen in ein Tuch einzuschlagen oder ihn in eine Brottüte zu packen, damit Krume und Kruste schön weich und saftig bleiben.
- Lassen Sie den Kuchen vor dem Anschneiden ein paar Tage ruhen, damit die Aromen schön durchziehen können.
- Sie können beim Backen eine Schale mit Wasser auf den Ofenboden stellen, sodass eine feuchte Backumgebung entsteht und der Kuchen besonders saftig wird.

Babka

Dieses Rezept hat mich ganz schön beschäftigt, denn die Babka war eine richtige Zicke – mal war sie zu kurz, mal zu lang gebacken, mal war die Reifezeit zu kurz, die Schokocreme geronnen, der Sirup verbrannt … Sie hat mir wirklich alles abverlangt, sodass ich mein Rezept mehrmals anpassen musste, aber nun stimmt alles.

Der süße Sirup bildet nach dem Abkühlen eine knusprige Kruste und sorgt so für einen tollen Kontrast zu der wattig-weichen Krume und den wunderbaren Schokoaromen. Da fehlen einem fast die Worte!Dies ist die jüdische Version der Babka, es gibt auch eine polnische und eine russische, das sind Napfkuchen, die aber auch traditionell an religiösen Festtagen gebacken werden.

ZUBEREITUNG 1 Std. RUHE 12–14 Std. BACKEN 40–50 Min. Hält sich 10 Tage im Tuch oder Brotkasten

Für eine Kastenform von 28 x 11 cm

Für eine Babka mit schöner Krume sollte die Kastenform relativ hoch und nicht allzu lang sein.

Teig

- 60 g backstarkes Weizenmehl Type 405 mit hohem Proteinanteil, z. B. Manitobamehl
- 30 g Vollrohrzucker
- 50 g vollaktiver Sauerteig
- 2 kalte Eier
- 6 g Salz
- 120 ml kalte Milch
- 100 g weiche Butter

Schokocreme

- 75 g Butter
- 75 g Kuvertüre (mind. 52 % Kakaoanteil)
- 30 g Schokoladentropfen (optional)

Sirup

- 50 ml Wasser
- 60 g Vollrohrzucker

1. Für den Teig Mehl, Zucker, Sauerteig, Eier und Salz in der Küchenmaschine mit dem Knethaken mischen. Nach und nach die Milch einarbeiten, bis die Zutaten gebunden sind und ein glatter, nur leicht klebriger Teig entstanden ist (normalerweise reichen 120 ml Milch, aber letztlich hängt die Menge von der Absorptionsfähigkeit Ihres Mehls ab). Den Teig 10 Minuten kneten.

2. Die Butter in Stückchen zugeben und etwa 15 Minuten einarbeiten. Zur Prüfung der Glutenentwicklung den Fenstertest durchführen (siehe Seite 64). Der Teig sollte sich, ohne zu reißen, so weit dehnen lassen, dass er durchscheinend ist.

3. Den Teig dicht abdecken und 8 Stunden oder über Nacht im Kühlschrank reifen lassen.

4. Den Teig aus dem Kühlschrank nehmen und 1 Stunde auf Raumtemperatur angleichen lassen. Der Teig sollte dann aufgegangen sein. Falls nicht, keine Panik! Die Volumenzunahme von sauerteiggeführten Teigen ist oft geringer als bei hefegeführten. Den Teig bei Bedarf abgedeckt einige Stunden in warmer Umgebung stehen lassen, bis er reif aussieht.

5. Inzwischen für die Schokocreme Butter und Kuvertüre im Wasserbad schmelzen und verrühren. Abgedeckt abkühlen lassen.

Formen der Babka

Fortsetzung nächste Seite ▶

6. Den Teig auf einer bemehlten Arbeitsfläche zu einem 1 cm dicken Rechteck ausrollen, das ein Stück länger als die Kastenform ist. Die abgekühlte Schokoladencreme darauf verstreichen und, falls verwendet, nun die Schokotropfen darüberstreuen. Den Teig von einer Längsseite her aufrollen. Die Rolle 10 Minuten (nicht länger!) ins Gefrierfach geben, damit sie sich besser einschneiden lässt.

7. Eine Kastenform mit Butter einfetten. Die Teigrolle aus dem Gefrierfach nehmen und längs durchschneiden.

8. Die Teigstränge – Schnittseiten nach oben – miteinander verdrehen. An den Enden zusammendrücken und in die vorbereitete Form heben.

9. Den Teigling 3–5 Stunden reifen lassen, bis er sein Volumen verdoppelt hat.
Die Stückgare ist sehr wichtig. Wenn der Teig nicht ausreichend gereift ist, lässt er sich nicht gut backen und wird nicht bekömmlich.

10. Den Backofen auf 180 °C vorheizen.

11. Sobald die Backtemperatur erreicht ist, die Babka in den Ofen schieben und 40–50 Minuten auf der mittleren Schiene backen.
Den Backvorgang im Blick behalten: Die Babka darf kräftig braun gebacken werden, aber die Schokolade darf nicht verbrennen.

12. Inzwischen Zucker und Wasser für den Sirup in einem kleinen Topf 1 Minute kochen, bis sich die Zuckerkristalle vollständig aufgelöst haben.

13. Die Babka sofort nach dem Backen großzügig mit Sirup bestreichen, dann mit dem restlichen Sirup beträufeln und 3 Minuten aufsaugen lassen.

14. Die Babka aus der Form lösen und auf einem Gitter abkühlen lassen.

TIPPS

- Nach Tests mit verschiedenen Mehlsorten empfehle ich backstarkes Weizenmehl der Type 405 (mit einem Proteingehalt von mindestens 12 %). Nährstofftechnisch ist es zwar uninteressant, sorgt aber für eine wirklich schöne, wattig-weiche Krume.
- Die Schokoladencreme kann durch eine Zimtfüllung oder Beerenkonfitüre ersetzt werden, die beide genauso lecker schmecken.
- Ohne Füllung wird es eine Brioche, perfekt fürs Sonntagsfrühstück.

Marzipanstollen

Christstollen ist nicht nur in Deutschland ein echter Weihnachtsklassiker, der manchmal schon im September gebacken wird, damit er im Dezember schön durchgezogen ist und die Aromen der verschiedenen Zutaten voll zur Geltung kommen.
Ich bereite meinen Stollen gern mit Rosinen zu, die ich vorher in Orangenblütenwasser einweiche, und mit selbst gemachtem Marzipan. In dünne Scheiben geschnitten und mit einer guten Tasse Darjeeling-Tee ist dieser Stollen ein vorweihnachtlicher Hochgenuss!

ZUBEREITUNG 35 Min. RUHE 4 Std. plus Vorteig über Nacht BACKEN 40–50 Min. Hält sich kühl gelagert mehrere Wochen in einer luftdicht verschlossenen Dose oder fest in Folie eingewickelt

Für 10 Personen

Vorteig
- 250 g vollaktiver Sauerteig
- 250 g Weizenmehl Type 405
- 1 EL Vollrohrzucker
- 125 ml lauwarme Milch

Marzipan
- 125 g blanchierte gemahlene Mandeln
- 1 Eiweiß
- 125 g Puderzucker

Hauptteig
- 200 g Rosinen
- 2 EL Orangenblütenwasser
- 250 g Weizenmehl Type 405
- 60 g Vollrohrzucker
- 150 g weiche Butter
- 1 Prise Salz
- 120 Mandelkerne

Glasur
- 60 g zerlassene Butter
- Puderzucker

1. **Am Vorabend:** Alle Zutaten für den Vorteig in einer Schüssel verrühren und abgedeckt bei Raumtemperatur bis zum nächsten Morgen reifen lassen.

2. Für das Marzipan alle Zutaten in einer Schüssel vermengen. Abgedeckt kühl stellen.

3. Rosinen und Orangenblütenwasser in einer Schale mischen und abgedeckt bei Raumtemperatur über Nacht ziehen lassen.

4. **Am nächsten Morgen:** Den Vorteig in die Küchenmaschine geben. Mehl, Zucker, Butter und Salz hinzufügen. Auf mittlerer Stufe 10 Minuten kneten, bis ein glatter, glänzender Teig entstanden ist.
Abgedeckt 1 Stunde reifen lassen.

5. Die Rosinen abtropfen lassen und zusammen mit den ganzen Mandeln in den Teig einarbeiten.
Abgedeckt 1 Stunde reifen lassen.

6. Den Teig auf eine bemehlte Arbeitsfläche geben und zu einem 2 cm dicken Rechteck ausrollen.

7. Das Marzipan aus dem Kühlschrank nehmen und zu einer Rolle formen, die so lang wie die kurze Seite der Teigplatte ist. Die Marzipanrolle an eine kurze Kante legen und den Teig zu zwei Dritteln darum aufrollen. Nun den Teig von der anderen Kurzseite her aufrollen. (Die Füllung sollte später nicht genau in der Mitte liegen.) Den Teigling auf ein mit Backpapier belegtes Backblech heben und abgedeckt 2 Stunden reifen lassen.

8. Inzwischen den Backofen auf 240 °C vorheizen. Den Stollen in den Ofen schieben und die Temperatur auf 180 °C reduzieren. Den Stollen 40–50 Minuten backen.

9. Den Stollen auf ein Gitter heben und für die Glasur noch heiß mit der Hälfte der zerlassenen Butter bestreichen und mit der Hälfte des Puderzuckers bestäuben. Abkühlen lassen.

10. Den Stollen mit der verbliebenen Butter bestreichen und mit dem Puderzucker bestäuben.

11. Den Stollen fest in Alufolie einschlagen und mindestens 2 Wochen an einem kühlen Ort ruhen lassen.

TIPPS

- Wenn Sie kein Fan von Marzipan sind, können Sie den Stollen auch ohne Füllung zubereiten.
- Für kleine Stollen können Sie die Teigmenge halbieren.

Zimtschnecken

Zimtschnecken gehören zu dem Gebäck, das ich zu bestimmten Zeiten immer wieder brauche. Für mich ist der warme Duft von Zimt ganz fest mit der kalten Jahreszeit und den Weihnachtsfeiertagen verbunden. Er hat so eine beruhigende Wirkung. Kein Wunder, dass Zimtöl in der Aromatherapie zur Stimulierung und Stimmungsaufhellung eingesetzt wird. In der Kombination mit Sauerteig, Butter und Rohrzucker ist das Gewürz definitiv ein Fest!

ZUBEREITUNG 45 Min. RUHE 5 Std. BACKEN 35–40 Min. Halten sich 1 Woche im Bienenwachstuch oder in einer luftdicht verschlossenen Dose

Für 6-8 Personen
(für eine runde Form mit 30 cm Durchmesser)

Füllung
- 80 g Butter
- 120 g brauner Zucker oder Vollrohrzucker
- 10 g Zimtpulver

Teig
- 600 g backstarkes Weizenmehl Type 405 mit hohem Proteinanteil, z. B. Manitobamehl
- 80 g Vollrohrzucker, plus etwas mehr zum Bestreuen
- 100 g vollaktiver Sauerteig
- 2 Eier
- 6 g Salz
- 200 ml kalte Milch
- 75 g weiche Butter
- 1 Eigelb zum Bestreuen

1. **Füllung:** Die Butter in einem Topf bei niedriger Hitze zerlassen. Zucker und Zimt in einer Schale mischen, dann die flüssige Butter unterrühren. Abdecken und abkühlen lassen.

2. **Teig:** Mehl, Zucker, Sauerteig, Eier und Salz in die Küchenmaschine geben und 5 Minuten auf mittlerer Stufe kneten. Nach und nach die Milch einarbeiten, bis ein glänzender, nur leicht klebriger Teig entstanden ist (normalerweise ist die gesamte Menge notwendig, wenn Ihr Mehl aber nicht so viel Flüssigkeit aufnimmt, sind vielleicht nur 80–90 ml erforderlich). Anschließend 10 Minuten auf mittlerer Stufe kneten.
3. Die Butter in Stückchen hinzugeben und weitere 15 Minuten einarbeiten. Zur Prüfung der Glutenentwicklung einen Fenstertest durchführen (siehe Seite 64). Der Teig sollte sich, ohne zu reißen, so weit dehnen lassen, dass er durchscheinend ist.
4. Den Teig abgedeckt in der Schüssel 3 Stunden bei 25 °C reifen lassen.
5. Den Teig auf eine bemehlte Arbeitsfläche geben und zu einem Rechteck ausrollen. Die Zimtmasse darauf verstreichen, dabei an den langen Seiten einen 5 cm breiten Rand frei lassen.
6. Den Teig von einer langen Seite her aufrollen und die Rolle in 6 gleich breite Stücke (Scheiben) schneiden. Die Schnecken hochkant in eine gut mit Butter eingefettete Springform geben und abgedeckt 2 Stunden bei 25 °C reifen lassen.
7. Inzwischen den Backofen auf 180 °C (Umluft) vorheizen. Die Schnecken mit Eigelb bestreichen und mit Vollrohrzucker bestreuen. 35–40 Minuten backen.
8. Die Zimtschnecken in der Form auf einem Gitter abkühlen lassen, dann erst herausnehmen.

TIPP

Der Teig kann beispielsweise auch mit Spekulatiuscreme aus dem Glas oder Schokoladencreme (siehe Seite 118) bestrichen werden. Lassen Sie Ihrer Fantasie freien Lauf!

Lütticher Waffeln

Wer kann Lütticher Waffeln schon widerstehen? Sie sind so wunderbar süß und buttrig! Durch den knusprig karamellisierten Zucker haben sie eine ganz besonders verführerische Textur und wecken automatisch Erinnerungen an früher.
Wenn Sie wie hier ausschließlich mit Sauerteig als Teiglockerungs- und Triebmittel zubereitet werden, dauert die Zubereitung zwar ein bisschen länger, dafür entwickeln die Waffeln aber komplexere Aromen und schmecken noch besser!

ZUBEREITUNG 15 Min. RUHE 4 Std. BACKEN 15 Min. Halten sich mehrere Tage in einer luftdicht verschlossenen Dose

Für 8 Waffeln

- 250 g Weizenmehl Type 812
- 50 g Vollrohrzucker
- 1 Ei
- 100 g vollaktiver Sauerteig
- 60 ml zimmerwarme Milch
- 140 g weiche Butter
- 80 g belgischer Perlzucker oder Hagelzucker

1. Mehl, Zucker, Ei, Sauerteig und Milch in der Küchenmaschine 3 Minuten auf mittlerer Stufe kneten.
2. Die Butter in Stückchen zugeben und den Teig weitere 4 Minuten auf mittlerer Stufe kneten. Zuletzt den Perl- oder Hagelzucker auf hoher Stufe nur kurz einarbeiten.
3. Den Teig abgedeckt 3 Stunden bei 25 °C in der Schüssel reifen lassen.
4. Den Teig in acht gleich große Portionen teilen und zu Kugeln formen. Auf einer bemehlten Arbeitsfläche abgedeckt 1 Stunde gehen lassen.
5. Ein Waffeleisen vorheizen. Nicht einfetten. Eine Teigkugel in die Mitte geben und das Waffeleisen schließen.
6. Einige Minuten backen, bis die Waffel goldbraun ist. Damit die Waffeln schön durchgebacken werden, die Temperatur des Eisens eventuell etwas reduzieren und die Waffeln dafür länger backen.
7. Die Waffel auf ein Gitter heben und kurz ausdampfen lassen. Mit den restlichen Teiglingen ebenso verfahren.
8. Die Waffeln lauwarm oder abgekühlt servieren.

TIPP

- Sie können den glykämischen Index dieser Lütticher Waffeln etwas reduzieren, wenn Sie Weizenmehl Type 1050 verwenden (in diesem Fall etwas mehr Milch in den Teig einarbeiten) und den Perlzucker durch Kokosblütenzucker ersetzen.

Die Überraschenden -

übriges Anstellgut in der Hauptrolle

Saatencracker

Mit diesem Rezept können Sie übriges Anstellgut, das bei den Auffrischungen anfällt, sinnvoll verwerten. Heraus kommen superleckere, knusprige Cracker, die Sie zu einem Drink mit Freunden oder während Sie Ihre Lieblingsserie gucken, knabbern können. Die Zutatenliste enthält kein weiteres Mehl, aber keine Sorge – durch das Backen wird die Säure des Sauerteigs stark reduziert, sodass den Crackern nicht anzumerken ist, dass sie hauptsächlich aus Anstellgut bestehen.

ZUBEREITUNG 5 Min. BACKEN 40 Min. Hält sich 1 Woche in einer luftdicht verschlossenen Dose

Für etwa 30 Cracker

- **400 g übriges Anstellgut (muss nicht aktiv sein)**
- **5 EL Olivenöl**
- **1 EL Sonnenblumenkerne**
- **1 EL Chiasamen**
- **½ TL Salz**
- **schwarzer Pfeffer aus der Mühle**
- **Kürbiskerne und Chiliflocken zum Bestreuen (optional)**

1. Den Backofen auf 180 °C (Umluft) vorheizen.
2. Anstellgut und Olivenöl in einer Schüssel mischen. Sonnenblumenkerne und Chiasamen, Salz und frisch gemahlenen Pfeffer einarbeiten.
3. Ein Backblech einfetten und mit Backpapier auslegen – das Papier soll am Blech haften, damit der Teig leichter darauf verstrichen werden kann.
4. Den Teig auf dem Blech mit einer Palette möglichst glatt und gleichmäßig verstreichen.
5. Das Blech mehrmals auf die Arbeitsfläche klopfen, damit der Teig sich noch besser setzt.
6. Den Teig nach Belieben mit Kürbiskernen und Chiliflocken bestreuen.
7. Im vorgeheizten Ofen 10 Minuten auf mittlerer Schiene backen.
8. Das Blech aus dem Ofen nehmen und den noch weichen Teig mit einem Sägemesser oder einem Pizzarad in gleich große Stücke schneiden. Weitere 30 Minuten backen, bis die Cracker goldbraun sind.
9. Die Cracker auf einem Gitter ausdampfen und abkühlen lassen, damit sie schön knusprig werden.

VARIANTE

- Für dieses Rezept habe ich mich für eine knackige Saatenmischung entschieden. Sie können sie nach Lust und Laune durch andere Zutaten wie geriebenen Käse, gehackte Oliven, Mandeln etc. ersetzen.

Marokkanische Msemmen

Falls Sie diese kleinen blättrigen viereckigen Fladenbrote aus dem Maghreb noch nicht kennen, wird es höchste Zeit! Der Teig mit feinem Hartweizenmehl wird, ähnlich wie Croissants, mehrmals gefaltet und dazwischen mit einer Öl-Butter-Mischung bestrichen. Die Fladenbrote sind also nichts für die schlanke Linie, und es ist wohl auch kein Zufall, dass das arabische Wort *msemmen* wörtlich übersetzt „dick machend" bedeutet! Aber wenn's halt so lecker schmeckt …
Natürlich werden diese Fladenbrote nicht zu jeder Mahlzeit serviert, aber ich kann Ihnen versichern, dass sie mit etwas Honig und einem frischen Pfefferminztee der Hit sind.

ZUBEREITUNG 30 Min. RUHE 15 Min. BACKEN 25 Min. Halten sich einige Tage in einer luftdicht verschlossenen Dose

Für 8 Fladenbrote
- 350 g feines Hartweizenmehl
- 200 g Weizenmehl Type 405
- 100 g übriges Anstellgut
- 1 TL Salz
- 350 ml lauwarmes Wasser
- Öl zum Einfetten

Zum Formen
- 100 g zerlassene Butter
- 50 g Oliven- oder Sonnenblumenöl
- feines Hartweizenmehl für die Arbeitsfläche

1. Mehle, Anstellgut und Salz in der Küchenmaschine mit den Knethaken mischen.
Nach und nach das Wasser einarbeiten und 10 Minuten kneten. Je nach Absorptionsfähigkeit der Mehlsorten ist eventuell nicht die ganze Wassermenge nötig. Der Teig sollte glatt und leicht klebrig sein.

2. Einen großen Teller einfetten. Den Teig in acht gleich große Portionen teilen, zu Kugeln vorformen und auf den Teller legen.
Die Kugeln einfetten, damit sie nicht austrocknen.
Abgedeckt 15 Minuten ruhen lassen.

3. Inzwischen die zerlassene Butter mit dem Öl in einer Schale vermischen.

4. Die Arbeitsfläche mit der flachen Hand einölen. Die Öl-Butter-Mischung und eine Schale mit Hartweizenmehl bereitstellen.

5. **Formen (siehe Fotos rechts):** Eine Teigkugel in das Fett tauchen. Auf der Arbeitsfläche mit den Händen zu einer flachen Scheibe drücken, wenden und die Scheibe mit den Fingern vergrößern, dann zu einem Quadrat ausziehen. Der Teig sollte so dünn sein, dass die Arbeitsfläche durchscheint. Den Teig gleichmäßig mit Hartweizenmehl bestäuben und mit etwas Fett beträufeln.

6. Das obere Teigdrittel in die Mitte schlagen und das untere Drittel darüber.

7. Die beiden Seiten so in die Mitte schlagen, dass sich die Kanten in der Mitte treffen und ein Rechteck entsteht. Dann zu einem Quadrat zusammenklappen. Beiseitestellen.

8. Die übrigen Teiglinge ebenso verarbeiten. Dabei die Arbeitsfläche immer wieder neu einfetten.

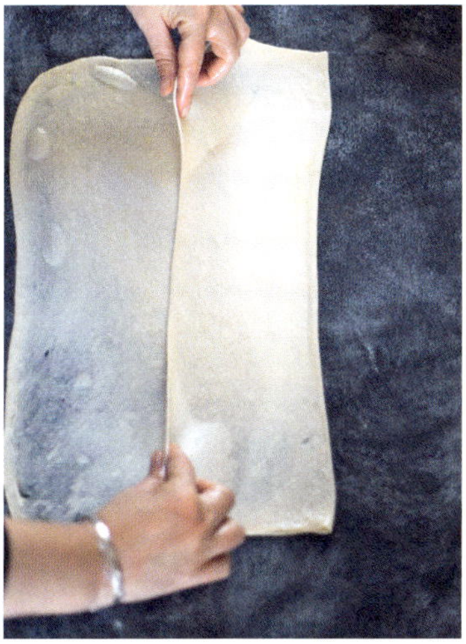
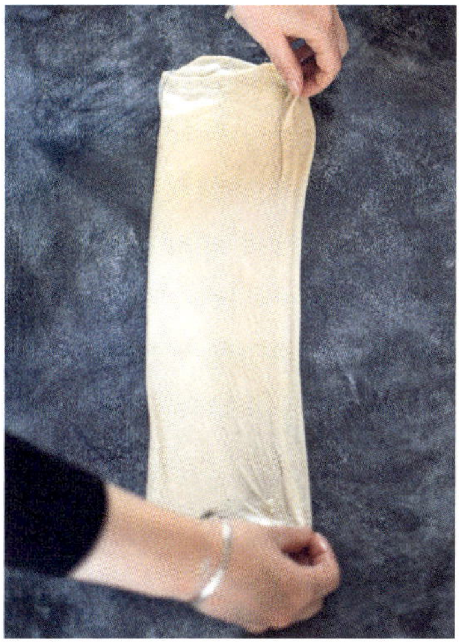

Fortsetzung nächste Seite ▶

9. Eine große Pfanne ohne Fettzugabe 2 Minuten bei mittlerer Hitze heiß werden lassen.

10. Einen Teigling auf der Arbeitsfläche mit der Handfläche leicht flach drücken. Sofort in die heiße Pfanne geben und 2 Minuten von jeder Seite backen.

11. Das Fladenbrot aus der Pfanne nehmen und auf einem Gitter abkühlen lassen. Die übrigen Msemmen ebenso backen.

TIPPS

- Seien Sie nicht zu geizig mit dem Fett, da es dafür sorgt, dass das Fladenbrot feinblättrige Lagen bildet und saftig wird.
- Diese Fladenbrote können auch gefüllt werden. Dafür im ersten Faltschritt das obere Teigdrittel einschlagen, die Füllung darauf verteilen. Das untere Teigdrittel und die beiden Seiten darüber falten. Den Teigling dann, wie oben beschrieben, weiterverarbeiten.

Frische Pasta „Tante Lidia"

Mit übrigem Anstellgut frische Pasta zuzubereiten, mag besonders unkonventionell klingen. Traditionell wird Pasta aus Hartweizenmehl oder, wie hier, mit Eiern und Mehl zubereitet. Durch die Zugabe von Anstellgut erhält die Pasta einen Kick, denn die Textur wird verbessert und der Geschmack wird um das gewisse Etwas bereichert.
Mit diesem Zero-Waste-Pastateig können Sie Ravioli, Tortellini, Linguine, Lasagne & Co. zubereiten und Gäste und Familie beeindrucken und verwöhnen. Ich widme dieses Rezept meiner italienischen Tante Lidia, bei der ich als Kind zum ersten Mal frische Pasta gemacht habe – eine unvergessliche Erinnerung an einen Raum, der vom Boden bis zur Decke mit Zeitungspapier tapeziert war, mit einem kleinen Tisch in der Mitte und einer fast schon antiken Nudelmaschine.

ZUBEREITUNG 30 Min. RUHE 4 Std. TROCKNEN 1 Std. KOCHEN 4 Min. Hält sich 1 Woche in einer luftdicht verschlossenen Dose

Für 4 Personen

- 250 g Weizenmehl Type 1050 oder Type 812
- 2 Eier
- 110 g übriges Anstellgut

1. Das Mehl in eine große Schüssel geben und eine Vertiefung in die Mitte drücken. Eier und Anstellgut hineingeben.
2. Das Mehl zunächst zwischen den Fingern reiben, dann mit der ganzen Hand kneten, bis alles gebunden ist. Bei Bedarf noch ein paar Tropfen kaltes Wasser einarbeiten.
3. Den Teig einige Minuten kneten, bis er glatt und locker, aber nicht zu weich ist. Er sollte nicht auseinanderlaufen, wenn man ihn ruhen lässt.
4. Den Teig zu einer Kugel formen und abgedeckt 4 Stunden bei Raumtemperatur ruhen lassen.
5. Die Teigkugel auf einer bemehlten Arbeitsfläche mit einer Backrolle oder mithilfe einer Nudelmaschine dünn ausrollen. Mit einem Messer oder dem Aufsatz der Nudelmaschine in die gewünschte Form schneiden.
6. Die Pasta gut mit Mehl bestäuben, damit sie nicht verklebt, und 1 Stunde trocknen lassen.
7. Die Pasta in reichlich Salzwasser etwa 4 Minuten bissfest garen. Die Nudeln sind fertig, sobald sie an die Oberfläche steigen.

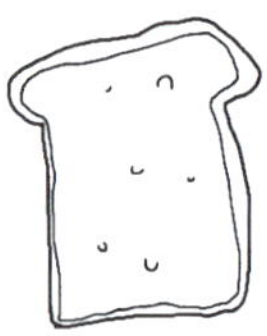

TIPPS

- Wenn Sie die Pasta komplett trocknen wollen und keinen Pastatrockner haben, hier mein erprobter Trick: zwei Stühle mit etwas Abstand Rücken an Rücken stellen, einen Besenstiel quer darüberlegen, den (sehr sauberen!) Besenstiel bemehlen und die langen Nudeln zum Trocknen darüber hängen.
- Die Nudeln können auch ohne Antrocknen, sofort nach dem Formen, gekocht werden.
- Sie können andere Mehlsorten verwenden. *Pizzoccheri* aus der Lombardei werden beispielsweise teilweise mit Buchweizenmehl zubereitet.

Brownies mit weichem Kern

Dieses Rezept haben schon tausende Follower ausprobiert und mir ein begeistertes Feedback gegeben. Durch die Geheimzutat Anstellgut werden diese Brownies einfach unwiderstehlich! „Woher kommt dieser phänomenale Geschmack?“ – „Vom Sauerteig natürlich!“ – „Sauerteig in Brownies?! Krass!“
Das Mehl wird hier komplett durch Sauerteig ersetzt. So entsteht ein bekömmlicher Kuchen mit cremiger Textur und megaschokoladigen Aromen. Der Zuckeranteil mag hoch erscheinen, aber er sorgt nicht nur für die Bildung der charakteristischen Brownie-Kruste, sondern balanciert auch die Säure des Anstellguts aus.

ZUBEREITUNG 20 Min. BACKEN 20 Min. Halten sich 1 Woche an einem kühlen Ort

Für 6-8 Stücke
oder eine quadratische Backform mit 20 cm Kantenlänge

- 100 g Butter, plus etwas zum Einfetten
- 120 g Kuvertüre (mind. 52 % Kakaoanteil)
- 3 Eier
- 220 g Vollrohrzucker
- 150 g übriges Anstellgut (egal, ob aktiv oder nicht)
- 1 große Prise Meersalz
- Walnuss- oder Pekannusskerne zum Garnieren (optional)

1. Den Backofen auf 175 °C vorheizen. Eine Backform mit Butter einfetten.
2. Die Kuvertüre grob hacken und zusammen mit der Butter im Wasserbad schmelzen. Glatt rühren und lauwarm abkühlen lassen.
3. Eier und Zucker in einer großen Schüssel 2 Minuten hell und schaumig aufschlagen. Die Mischung zusammen mit Anstellgut und Salz unter die Schokoladenmasse ziehen. Nicht zu lange rühren, sondern nur, bis die Masse cremig und glatt ist.
4. Den Teig in die vorbereitete Form füllen und glatt verstreichen. Nach Belieben mit Nüssen garnieren.
5. Den Teig im vorgeheizten Ofen 20 Minuten backen; er sollte in der Mitte noch nicht ganz durchgebacken sein.
6. In der Form abkühlen lassen. In Stücke schneiden und beispielsweise mit einer Kugel Vanilleeis servieren.

TIPP

- Sie können auch eine Schokolade mit höherem Kakaoanteil verwenden oder die Schokolade durch 60 g Kakaopulver ersetzen.

Marmorkuchen

Grundlage für diesen saftigen Kuchen ist ein einfacher Rührteig, der nach Lust und Laune mit verschiedenen Aromen und weiteren Zutaten, wie Mohn, Beeren etc., variiert werden kann. Verschiedene Vorschläge finden Sie in meinem (französischsprachigen) Blog www.lecoconutblog.com. In den Teig kommt auch eine kleine Menge Backpulver, die aber große Wirkung hat, da sie mit dem Sauerteig zusammenwirkt und Kohlendioxid produziert, das den Teig schön aufgehen lässt. Der Sauerteig sorgt außerdem für eine tolle Textur und macht den Kuchen sehr saftig.

ZUBEREITUNG 15 Min. BACKEN 50 Min. Hält sich 1 Woche in einer luftdicht verschlossenen Dose

Für 8 Personen
(Kastenform mit 20 cm Länge)

- 160 g Weizenmehl Type 550
- 200 g Vollrohrzucker
- ¼ TL Backpulver
- 100 g übriges Anstellgut (nicht aktiv)
- 4 Eier (Größe M)
- 200 g zerlassene Butter
- ½ TL Vanille-Extrakt
- 1 gehäufter TL Kakaopulver
- 50 g Mandelblättchen

1. Den Backofen auf 165 °C vorheizen.
2. Mehl, Zucker und Backpulver in einer Schüssel mischen.
3. Anstellgut, Eier und Butter sorgfältig unterrühren. Der Teig sollte glatt sein und schwer reißend von einem Löffel fallen.
4. Die Hälfte des Teigs in eine zweite Schüssel füllen. Eine Portion mit Vanille-Extrakt aromatisieren, in die andere das Kakaopulver einrühren.
5. Hellen und dunklen Teig abwechselnd in die vorbereitete Form füllen, eventuell mit einer Gabel ein Muster einziehen. Mit den Mandelblättchen bestreuen.
6. Den Kuchen 30 Minuten im vorgeheizten Ofen backen. Eine mit kochend heißem Wasser gefüllte Schale danebenstellen und den Kuchen weitere 20 Minuten backen.
7. Den Kuchen sofort nach dem Backen in ein Tuch einschlagen, damit er schön saftig bleibt, und auf einem Gitter abkühlen lassen. Erst dann aus der Form lösen.

HINWEISE

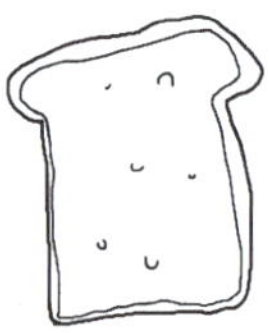

- Die Kastenform muss nicht mit Butter eingefettet werden, da der Teig reichlich Butter enthält.
- Die Schale Wasser sorgt für eine feuchte Backumgebung, sodass der Kuchen schön saftig wird.
- Auch das Einschlagen des fertigen Kuchens in ein Geschirrtuch trägt dazu bei, dass der Kuchen saftig bleibt.

Schokomuffins „Bam!"

Diese gehaltvollen Muffins werden selbst die größten Schokoholics zufriedenstellen! Meine Schokoladenchips bereite ich am liebsten selbst zu; sie schmecken einfach besser und – das kann ich Ihnen versichern – machen einen großen Unterschied. Dazu braucht man natürlich eine gute Schokolade, die man – bam bam! – mit einem anständigen Kochmesser hackt, sodass unterschiedlich große Stückchen entstehen (am besten eher große ... Sie verstehen, warum).
Sauerteig und Schokolade sind immer eine gute Kombi und sorgen dafür, dass die Muffins superaromatisch, saftig und gut haltbar sind. Wenn Sie diszipliniert genug sind, lassen Sie die Muffins einen Tag durchziehen, dann schmecken sie noch besser.

ZUBEREITUNG 10 Min. BACKEN 20 Min. Halten sich einige Tage in einer luftdicht verschlossenen Dose

Für 6 Muffins

- 50 g Schokolade (mind. 52 % Kakaoanteil)
- 50 g weiche Butter
- 40 g Vollrohrzucker
- 100 g Weizenmehl Type 550
- ½ TL Backpulver
- 50 g übriges Anstellgut
- 2 Eier
- 50 g Schokoladentropfen (vorzugsweise selbst gehackt)

1. Den Backofen auf 180 °C vorheizen.
2. Schokolade und Butter im Wasserbad schmelzen. Glatt rühren und beiseitestellen.
3. Zucker, Mehl und Backpulver in einer großen Schüssel mischen.
4. Die Schoko-Butter-Mischung, Anstellgut und Eier hinzufügen und mit dem Handmixer zu einem glatten Teig verarbeiten. Zuletzt die Schokostücke unterheben.
5. Ein Muffinblech mit Papierbackförmchen auskleiden. Den Teig bis zum Rand der Förmchen einfüllen.
6. Die Muffins im vorgeheizten Ofen 20 Minuten auf der mittleren Schiene backen.
7. Die Muffins vom Blech heben und auf einem Gitter abkühlen lassen.

Vor dem Servieren mit Puderzucker bestäuben.

TIPPS

- Die Muffins können auch lauwarm serviert werden, dann sind die Schokosplitter noch weich.
- Für Schwarzwälder Muffins vor dem Backen ein bis zwei Amarenakirschen in jeden Muffin stecken.

Buchweizen-Spekulatius

Diese Plätzchen sind vor allem zur Weihnachtszeit der Hit. Mit ihrer herrlich mürben Textur und den warmen Gewürzaromen sind sie fast so schnell verputzt, wie sie aus dem Ofen kommen.
Das Buchweizenmehl harmoniert großartig mit den Aromen von Zimt, Sauerteig und Kokosblütenzucker und sorgt dafür, dass die Plätzchen glutenarm sind und einen niedrigeren glykämischen Index als klassische Varianten haben. Das Rezept ist außerdem ideal, um mit verschiedenen Mehlsorten und Gewürzen zu experimentieren.

ZUBEREITUNG 10 Min. RUHE 2:30 Std. BACKEN 40 Min. Halten sich 1 Woche in einer luftdicht verschlossenen Dose

Für ca. 15 Plätzchen

- 180 g Buchweizenmehl
- 1 TL Lebkuchengewürz
- 1 Prise Meersalz
- 110 g Kokosblütenzucker
- 100 g weiche Butter
- 120 g übriges Anstellgut
- 1 Eigelb

1. Alle trockenen Zutaten in einer großen Schüssel mischen. Die Butter in Stückchen hinzufügen und in die Mehlmischung reiben, bis eine krümelige Masse entstanden ist. Eigelb und Anstellgut hinzugeben und kneten, bis ein gebundener Teig entstanden ist.
2. Den Teig zu einer Kugel formen und abgedeckt mindestens 2 Stunden im Kühlschrank ruhen lassen.
3. Den Teig zwischen zwei Bögen Backpapier 0,5 cm dick ausrollen und weitere 30 Minuten im Kühlschrank ruhen lassen, so kann man Formen besser ausstechen.
4. Den Backofen auf 180 °C (Umluft) vorheizen.
5. Den Teig aus dem Kühlschrank nehmen und das obere Backpapier abziehen. Plätzchen aus dem Teig ausstechen. Teigreste wieder zusammenkneten, ausrollen und weitere Plätzchen ausstechen.
6. Die Plätzchen auf ein mit Backpapier belegtes Blech legen und im heißen Ofen 10 Minuten auf der mittleren Schiene backen, bis sie am Rand leicht gebräunt sind.
7. Die Plätzchen auf einem Gitter abkühlen lassen.

TIPPS

- Experimentieren Sie mit Mehlsorten und Gewürzen. Sie können die Plätzchen beispielsweise mal mit Weizenmehl Type 1050 und einer Prise gemahlenem Ingwer und Vanillemark ausprobieren.
- Sie können den Teig mit Kakaopulver anreichern oder auch mal eine salzige Variante ausprobieren.
- Der Teig kann ein oder zwei Tage im Voraus zubereitet und im Kühlschrank aufbewahrt werden.

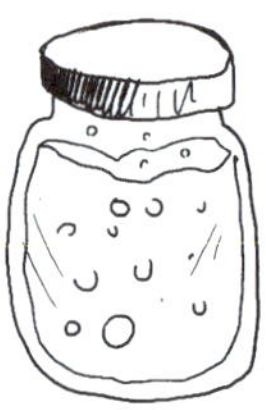

Gourmet-Granola

Dieses unwiderstehliche Knuspermüsli wird – durchaus ungewöhnlich – mit gezuckertem Sauerteig hergestellt und liefert alles, was man für einen guten Start in den Tag braucht oder man tagsüber einen kleinen Durchhänger hat. Außerdem enthält es eine ordentliche Portion Omega-3- und Omega-6-Fettsäuren.
Es schmeckt mit frischem Obst, Quark oder ein wenig Mandelmus. Da der Sauerteig im Rezept gebackt wird, verschwindet der säuerliche Geschmack vollständig. Im Gegenzug entstehen andere subtile Aromen. Meine große Tochter snackt es gern, wenn sie an ihren Hausaufgaben sitzt. Wenn sie wüsste, dass Sauerteig drin ist …

ZUBEREITUNG 5 Min. RUHE mind. 3 Std. BACKEN 45 Min. Hält sich 2 Wochen in einer luftdicht verschlossenen Dose

Für 10 Portionen

Sauerteig
- 100 g übriges Anstellgut (aktiv oder nicht)
- 30 ml Wasser
- 30 g Vollrohrzucker
- 30 g Mehl nach Wahl

Granola
- 160 g Haferflocken
- 1/4 TL Salz
- 70 g Nüsse nach Wahl, etwa Mandeln, Walnüsse, Cashews
- 50 g Saaten nach Wahl, etwa Leinsamen, Kürbis-, Sonnenblumenkerne
- 20 g Ahornsirup oder Honig
- 20 g neutrales Pflanzenöl

Toppings
- Schokostreusel, Kokoschips, Trockenfrüchte etc. (optional)

1. **Mindestens 3 Stunden im Voraus oder am Vorabend:** Die Zutaten für den Sauerteig verrühren und abgedeckt 3–8 Stunden reifen lassen.

2. **Am Backtag:** Den Backofen auf 150 °C (Umluft) vorheizen und ein Backblech mit Backpapier belegen.
3. Haferflocken, Salz, Nüsse und Saaten in einer Schüssel vermengen. Ahornsirup und Öl zunächst in den Sauerteig rühren; dann den Sauerteig sorgfältig mit den Trockenzutaten mischen.
4. Die Masse zerbröseln und gleichmäßig auf dem Backblech verteilen.
5. Das Müsli im heißen Ofen 45 Minuten backen. Wenn es zu schnell bräunt, die Ofentemperatur reduzieren.
6. Größere Stücke zerkleinern und im ausgeschalteten Ofen weitere 30 Minuten trocknen lassen.
7. Das Granola komplett abkühlen lassen.
Nach Belieben weitere Toppings untermischen. In einem luftdicht verschlossenen Behälter aufbewahren.

Rustikale Apfel-Mandel-Tarte

Dieser rustikalen Tarte, in der saftige Äpfel, Zimt und Mandeln aufeinandertreffen, kann kaum jemand widerstehen. Für den Teig verwende ich Weizenmehl Type 1050, das einen moderaten glykämischen Index hat, aber natürlich können Sie auch ein anderes Mehl wählen. Statt Vollrohrzucker eignen sich andere kristalline Zuckerarten wie Kokosblüten- oder Birkenzucker.

ZUBEREITUNG 20 Min. RUHE 1 Std. BACKEN 35–45 Min. Hält sich im Kühlschrank einige Tage

Für 6 Portionen

Teig
- 150 g Weizenmehl Type 1050
- 1 EL Vollrohrzucker
- ½ TL Salz
- 110 g kalte Butter, gewürfelt
- 100 g übriges Anstellgut (aktiv oder nicht)
- 2 EL kalte Milch

Mandelcreme
- 50 g gemahlene, blanchierte Mandeln
- 30 g Vollrohrzucker
- 10 g Weizenmehl Type 1050
- 15 g zerlassene Butter
- 1 Ei

Belag
- 3 säuerliche Äpfel
- Zitronensaft
- 1 EL Vollrohrzucker
- 1 TL Zimtpulver

1. **Teig:** Mehl, Zucker und Salz in einer Schüssel mischen. Butter und Anstellgut hinzufügen und alles vermischen, bis nur noch wenige Butterspuren zu sehen sind. Die Milch einarbeiten.
Den Teig zu einer Kugel formen, in Frischhaltefolie einschlagen und im Kühlschrank ruhen lassen, während die Creme und die Äpfel vorbereitet werden.

2. **Mandelcreme:** Alle Zutaten in einer Schüssel glatt rühren.

3. **Belag:** Die Äpfel putzen, vierteln, entkernen und in feine Scheiben hobeln oder schneiden. In einer Schüssel mit Zitronensaft beträufeln und mit Zucker und Zimt vermengen.

4. Den Teig zwischen zwei Bögen Backpapier zu einem etwa 30 cm großen Kreis ausrollen. Die obere Lage abziehen und die Mandelcreme auf dem Teig verstreichen. Dabei rundum einen 5 cm breiten Rand lassen.
5. Die Apfelscheiben dekorativ auf der Mandelcreme anordnen.
6. Den Teigrand über den Belag schlagen.
7. Die Tarte 1 Stunde im Kühlschrank ruhen lassen. So wird der Teig beim Backen schön mürbe und die Tarte bleibt besser in Form.
8. Den Backofen auf 180 °C (Umluft) vorheizen.
Die Tarte auf einem Backblech 35–45 Minuten auf der unteren Schiene backen, bis sie goldbraun ist.

TIPP

Die Äpfel können durch Birnen ersetzt werden.

Bananen-Pancakes

Pancakes sind *das* perfekte Rezept, um übriges Anstellgut, das sich im Kühlschrank ansammelt, zu verwerten; umso besser, dass (fast) jeder diese Pancakes liebt. Man kann sie nach Lust und Laune variieren, und sie sind sogar ein gesunder, nahrhafter Snack für zwischendurch oder zum Brunch.
Im Teig sorgen Bananen und Sauerteig für eine Textur und einen tollen Geschmack. Sie können das Rezept auch ohne Eier zubereiten, da die Banane nicht nur süß ist, sondern auch als Bindemittel taugt, oder ganz nach Lust und Laune, Mohnsaat, gehackte Nüsse oder ein paar Haferflocken in den Teig rühren.

ZUBEREITUNG 5 Min. RUHE 30–60 Min. BACKEN 15 Min. Halten sich im Kühlschrank ein paar Tage

Für 6 Pancakes

- 1 reife Banane
- 100 g übriges Anstellgut
- 2 Eier
- 2 EL Mehl nach Wahl
- ½ TL Backpulver

1. Die Banane schälen und in einer Schüssel mit einer Gabel zerdrücken. Das Anstellgut unterrühren.
2. Die Eier sorgfältig unterschlagen. Mehl und Backpulver einarbeiten, bis ein homogener Teig entstanden ist.
3. Den Teig 30–60 Minuten ruhen lassen.
4. Etwas Öl oder Butter in einer kleinen Pfanne erhitzen. Eine Kelle Teig darin kreisrund verstreichen und 1 Minute goldbraun backen, bis der Teig Blasen wirft. Den Pancake wenden und von der anderen Seite backen, bis er goldbraun ist.
5. Den Pancake auf einem Gitter abkühlen lassen. Den restlichen Teig ebenso verarbeiten.
6. Die Pancakes pur oder mit Ahornsirup, Konfitüre oder Joghurt servieren.

Puristen-Pancakes

Wenn Sie zu den Sauerteigpuristen gehören, schlage ich folgende Variante vor, mit der Sie schnelle, rustikale Pfannkuchen erhalten – ganz ohne Banane, Mehl oder Ei. In diesem Rezept geht es direkt zur Sache!

Für 6 Pancakes

- 300 g übriges Anstellgut
- ½ TL Backpulver

1. Die beiden Zutaten verrühren und wie oben beschrieben backen.

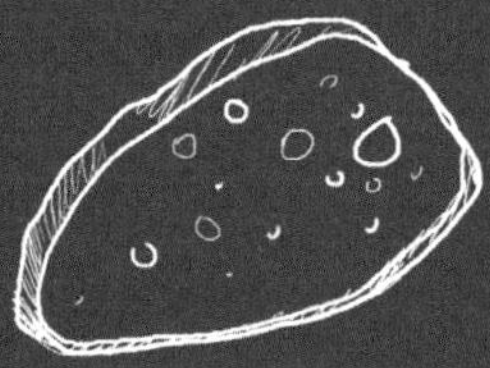

Reste-Feste -

kreative Verwertung von altbackenem Brot

Tomatensuppe mit Brot

Wenn im Herbst die letzten sonnengereiften Tomaten geerntet sind und die Nächte länger und kälter werden, verlangen meine Kinder nach dieser aromatischen, wärmenden Suppe. Sie ist einfach zuzubereiten und ideal, um altbackenes Sauerteigbrot zu verwerten. Ich bringe die Suppe regelmäßig, aber mit variierenden Kräutern auf den Tisch.
Das Sauerteigbrot passt prima zu den Säurenoten der Tomaten, die sich mit Rohrzucker wunderbar ausbalancieren lassen, ohne dass die Suppe zu süß wird. Stattdessen bietet sie nur das Beste: duftene, satte Aromen, ein toller Tomatengeschmack, der durch das Sauerteigbrot noch hervorgehoben und um zusätzliche Noten erweitert wird.
Eine köstliche, preisgünstige Zero-Waste-Mahlzeit!

ZUBEREITUNG 20 Min. KOCHEN 50 Min. Hält sich im Kühlschrank einige Tage in einer luftdicht verschlossenen Dose

Für 6-8 Personen

- 3 EL Olivenöl
- 1 rote Zwiebel, gehackt
- 2 Knoblauchzehen, zerdrückt
- 1 TL gemahlener Kreuzkümmel
- 400 g vollreife Tomaten, gewürfelt
- 1 Dose (400 g) gehackte Tomaten
- 1 TL Vollrohrzucker
- 1 TL Salz
- 700 ml Wasser oder Brühe
- 1 Scheibe Sauerteigbrot (50–60 g)
- Pfeffer aus der Mühle
- frische Kräuter nach Wahl, etwa Koriander, Petersilie, Schnittlauch

1. Das Olivenöl in einem großen Topf erhitzen. Zwiebel, Knoblauch und Kreuzkümmel darin bei sehr niedriger Hitze 3 Minuten anschwitzen.
2. Frische Tomaten, Dosentomaten, Zucker und Salz hinzufügen und 2 Minuten bei starker Hitze andünsten. Pfeffern.
3. Mit Wasser oder Brühe ablöschen und 40 Minuten köcheln lassen.
4. Das Brot in Stücke schneiden und die frischen Kräuter hacken. Beides in die Suppe rühren und weitere 10 Minuten köcheln.
5. Die Suppe glatt pürieren oder leicht stückig lassen.
6. Mit einem Schuss Olivenöl und weiteren Kräutern garnieren und sofort servieren.

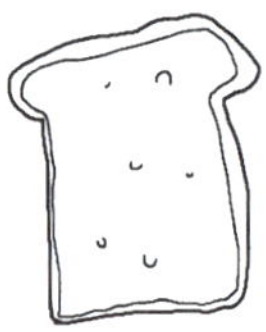

TIPPS

- Im Winter können Sie die frischen Tomaten durch Dosentomaten oder im Sommer durch selbst eingekochte Tomaten ersetzen.
- Wenn das Sauerteigbrot vorher getoastet wird, erhält die Suppe zusätzliche Röstaromen.

Polpette di Pane in Sugo

Wie der berühmte toskanische Brotsalat *panzanella* zählen auch diese Polpette di Pane zu den ländlich-rustikalen Gerichten der italienischen Küche, in denen altbackenes Brot verwertet wird. Diese Semmelknödel werden aus trockenem Brot hergestellt und schmoren in einer, mit Oregano oder Basilikum verfeinerten, fruchtigen Tomatensauce. Unfassbar lecker!

Ich mache dieses Rezept oft mit meinen Kindern, die das Formen der Polpette – ich zitiere – als beruhigend empfinden. Ich finde es toll, wenn sie lernen, wie man Lebensmittel(reste) sinnvoll verwertet und in Lieblingsgerichte verwandeln kann. Und mit Brot kann man offensichtlich viel anstellen!

ZUBEREITUNG 20 Min. RUHEN/EINWEICHEN 20 Min. KOCHEN 15 Min. Halten sich 2 Tage im Kühlschrank

Für 4 Personen

Knödel

- 100 ml Milch
- 100 ml kochendes Wasser
- 200 g altbackenes klassisches Sauerteigbrot
- 1 Ei
- 80 g Parmesan, gerieben
- Salz und Pfeffer aus der Mühle

Tomatensauce

- 3 EL Olivenöl
- 2 Knoblauchzehen, zerdrückt
- 1 Dose (400 g) gehackte Tomaten
- 100 ml Wasser
- getrockneter Oregano oder getrocknetes Basilikum
- ein paar schwarze Oliven (optional)

1. Knödel: Milch und Wasser in eine Schüssel geben. Das Brot in Stücke zupfen und 10 Minuten darin einweichen. Das Brot ausdrücken und zu einer breiartigen Masse zerdrücken.
2. Ei und Parmesan unterrühren; dann salzen und pfeffern. Die Masse 10 Minuten kalt stellen, damit sie etwas fester wird.

3. Tomatensauce: Das Öl in einer Pfanne erhitzen. Den Knoblauch darin 1 Minute bei mittlerer Hitze anschwitzen.
4. Tomaten und Wasser hinzufügen. Salzen, pfeffern und mit Kräutern würzen.

5. Formen: Die Knödelmasse aus dem Kühlschrank nehmen und zu tischtennisballgroßen Kugeln formen.
6. Die Knödel nebeneinander in die Sauce legen und bei aufgelegtem Deckel 15 Minuten bei niedriger Hitze gar ziehen lassen. Die Knödel regelmäßig mit einem Pfannenwender vom Pfannenboden lösen, damit sie nicht anbacken.
7. Nach Belieben mit schwarzen Oliven garnieren und sofort servieren.

TIPP

- Für eine gehaltvollere Variante die Polpette samt Sauce nach dem Garen in eine flache Auflaufform füllen. Mit geriebenem Berg- oder Pizzakäse bestreuen und unter dem heißen Backofengrill kurz goldbraun überbacken.

Herzhafter Brot-Käse-Auflauf

Mit altbackenem Brot ist es wie mit überreifen Bananen. Oft weiß man nicht, was man damit anstellen soll, und einfach wegwerfen ist keine Option. Dieses Rezept ist, zumindest für Brot, eine echte Gourmetlösung. Durch die cremige Sauce erlebt das Brot einen zweiten Frühling. Im Ofen erhalten die Scheiben eine schöne braune Färbung und Röstaromen, die durch Muskatnuss bestens ergänzt werden. Mit einem knackigen grünen Salat wird aus diesem Auflauf eine leckere Mahlzeit, die im Handumdrehen zubereitet ist.

ZUBEREITUNG 15 Min. BACKEN 20 Min. Hält sich im Kühlschrank 2 Tage

Für 4 Personen

- 200 g Sahne
- 2 Eier
- 150 ml Vollmilch
- 180 g altbackenes Sauerteigbrot
- 150 g Tomme de Savoie oder anderer kräftiger Käse, in Scheiben
- Salz und Pfeffer aus der Mühle
- Muskatnuss
- Butter zum Einfetten
- geriebener Käse zum Bestreuen (optional)

1. Den Backofen auf 170 °C (Umluft) vorheizen. Eine flache ofenfeste Form mit Butter einfetten.
2. Sahne, Eier und Milch in einer flachen Form verrühren. Mit Salz, Pfeffer und Muskatnuss würzen.
3. Die Brotscheiben, eventuell halbiert oder geviertelt, darin 3 Minuten einweichen.
4. Brot- und Käsescheiben abwechselnd in die vorbereitete Auflaufform schichten und mit dem Rest der Eiermischung übergießen.
5. Mit geriebenem Käse, falls verwendet, bestreuen.
6. Den Auflauf 20 Minuten im heißen Ofen backen, dabei regelmäßig den Bräunungsgrad prüfen.
7. Am besten sofort servieren.

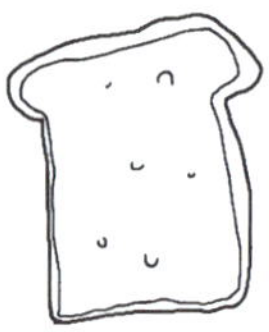

VARIANTE

- Der Tomme de Savoie kann durch einen anderen kräftigen, würzigen, gut schmelzenden Käse ersetzt werden, z. B. Raclettekäse oder Fontina.

TIPP

Das Auge isst mit!
Dafür die Brotscheiben schuppenförmig in Reihen oder kreisförmig in der Form anordnen.

Pilz-Brot-Aufstrich

Ein herzhafter Brotaufstrich – mit Brot drin!? Ja, warum denn nicht? Auch dieses Rezept, bei dem Brot und Pilze sich die Hauptrolle teilen, fügt sich anstandslos in die Zero-Waste-Philosophie. Die Sonnenblumenkerne sollten in jedem Fall vorher eingeweicht werden. Dadurch wird nicht nur die Phytinsäure entfernt, die die Kerne umhüllt und die Aufnahme von Nährstoffen im Körper behindert; die Kerne werden dadurch auch weicher, was den Aufstrich cremiger macht. Das Brot verbessert nicht nur die Textur, sondern auch den Geschmack.

ZUBEREITUNG 20 Min. EINWEICHEN 2 Std. GAREN 5 Min. RUHEN/KÜHLEN 2 Std. vor dem Verzehr
Hält sich 1 Woche im Kühlschrank in einem luftdicht verschlossenen Gefäß

Für etwa 500 g

- 80 g Sonnenblumenkerne
- 100 g altbackenes Sauerteigbrot
- 100 ml lauwarme Milch
- 1 EL Olivenöl
- 150 g Champignons, in Scheiben
- 1 Schalotte, gehackt
- 2 EL Sahne
- Salz und Pfeffer aus der Mühle
- *Piment d'Espelette* oder Chiliflocken

1. **2 Stunden vor der Zubereitung:** Die Sonnenblumenkerne in einer kleinen Schüssel mit Wasser einweichen.
2. Das Brot in kleine Stücke teilen und in der Milch einweichen lassen.
3. Das Olivenöl in einer Pfanne erhitzen. Champignons und Schalotte darin einige Minuten bei mittlerer Hitze andünsten.
4. Die Sonnenblumenkerne abtropfen lassen. Das Brot in der Milch mit einer Gabel grob zerdrücken.
5. Sonnenblumenkerne, Brotbrei und die Pilzmischung in den Mixer geben. Mit der Pulse-Funktion zerkleinern, bis Ihnen die Konsistenz gefällt. Mit Salz, Pfeffer und *Piment d'Espelette* abschmecken.
6. Die Sahne hinzufügen und die Masse glatt mixen.
7. Den Aufstrich z. B. in ein Schraub- oder Einmachglas füllen und vor dem Servieren wenigstens 2 Stunden im Kühlschrank fest werden lassen.
8. Gut gekühlt servieren … natürlich mit einem selbst gebackenen Sauerteigbrot.

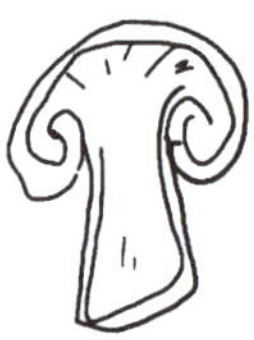

TIPPS

- Die Sahne kann durch Frischkäse ersetzt werden. Für eine vegane Version Sahneersatz auf Hafer- oder Sojabasis verwenden.
- *Piment d'Espelette* kann durch andere Gewürze oder getrocknete Kräuter ersetzt oder einfach weggelassen werden.

Financiers mit Semmelbröseln

Wenn Sie klassische Financiers mögen, werden Ihnen auch diese Zero-Waste-Mandelküchlein schmecken, die, wie gewohnt, mit den tollen Aromen von Mandeln und Butter überzeugen und durch die Semmelbrösel eine zusätzliche geschmackliche Komponente erhalten, die je nach verwendetem Brot, unterschiedlich ausfällt. Ich empfehle, Puderzucker zu verwenden, da er für eine zart schmelzende Textur sorgt. Aber Sie können ihn auch durch ein Süßungsmittel Ihrer Wahl ersetzen, solange es fest und nicht flüssig ist. Der Vorteil dieser Financiers ist, dass sie bis zu zwei Tage im Voraus zubereitet werden können, sodass sich die Aromen voll entfalten können.

ZUBEREITUNG 20 Min. BACKEN 15 Min. Halten sich 1 Woche im Kühlschrank in einer luftdicht verschlossenen Dose

Für 15 Stück

- 110 g Butter
- 60 g gemahlene Mandeln
- 55 g Semmelbrösel aus Sauerteigbrot
- 150 g Puderzucker
- 4 Eiweiß
- einige Tropfen Bittermandelaroma (optional)

1. Die Butter in einem kleinen Topf zerlassen und zum Schäumen bringen. Weiter erhitzen, bis der Schaum verschwindet und die Butter haselnussbraun wird. Die Butter nicht unbeaufsichtigt lassen, da sie sehr schnell bräunt. Die braune Butter lauwarm abkühlen lassen.
2. Den Backofen auf 240 °C vorheizen.
3. Mandeln, Brösel und Puderzucker in einer Schüssel mischen. Die Eiweiße in einer separaten Schüssel steif schlagen, dann unter die Mandelmischung ziehen. Falls verwendet, nun das Bittermandelöl hinzugeben. Die Butter unter Rühren zugießen. Dabei darauf achten, dass die festen Butterbestandteile im Topf bleiben.
4. Den Teig etwa 1 cm hoch in rechteckige Silikonförmchen füllen.
5. 5 Minuten backen, dann die Ofentemperatur auf 180 °C reduzieren und die Financiers weitere 10 Minuten backen.
6. Die Financiers in den Förmchen abkühlen lassen, dann vorsichtig herauslösen.

VARIANTE

- Die gemahlenen Mandeln durch gemahlene Haselnüsse oder Pistazien ersetzen.

Gar-nicht-arme-Ritter

Dank dieses Rezepts muss man sich überhaupt nicht mehr ärgern, wenn ein paar Scheiben Brot trocken geworden sind. Für diese armen Ritter, oder neudeutsch: *French Toasts*, werden Brotscheiben in einer mit Vanille aromatisierten Eiermilch getränkt und beim Braten mit Zucker karamellisiert. Das entzückt die Geschmacksknospen und sorgt für einen genialen Texturkontrast. Dazu kommt noch die angenehme Säure des Brombeerkompotts – eine perfekte Allianz!

ZUBEREITUNG **5 Min.** EINWEICHEN **30 Min.** BACKEN **15 Min.**

Für 8 Scheiben

- 2 Eier
- 40 g Vollrohrzucker
- 200 ml Vollmilch
- 100 g Schlagsahne
- Mark von 1 Vanillestange
- 8 Scheiben altbackenes Brot
- Zucker für die Pfanne

Brombeerkompott

- 100 g frische Brombeeren
- 20 g Vollrohrzucker

1. Eier und Zucker in einer Schüssel aufschlagen. Milch, Sahne und Vanillemark unterrühren. Die Eiermilch in eine große flache Form gießen.
2. Die Brotscheiben 30 Minuten darin einweichen.
3. Eine Pfanne stark erhitzen. 1 Esslöffel Zucker hineinstreuen und karamellisieren lassen.
4. Die Hitze sofort auf mittlere Stufe reduzieren. Ein oder zwei Brotscheiben darin je 1 Minute von jeder Seite braten.
5. Damit der Karamell nicht verbrennt, bei Bedarf einen Stich Butter in die Pfanne geben.
6. Die übrigen Brotscheiben auf dieselbe Weise backen.

7. **Brombeerkompott:** Die Beeren abspülen und abtropfen lassen. Mit dem Zucker in einen kleinen Topf geben und bei mittlerer Hitze 5 Minuten unter gelegentlichem Rühren garen.

TIPPS

- Für ein noch besseres Ergebnis sollten die Brotscheiben möglichst dick (2–3 cm) sein.
- Das Kompott kann auch mit anderen Beeren wie Himbeeren, Blaubeeren oder einer Beerenmischung zubereitet werden.
- Die Brotscheiben sofort nach dem Backen mit geraspelter Schokolade bestreuen, die sofort schmilzt und eine köstliche Sauce bildet. In diesem Fall braucht man kein Kompott.

Lindas No-Waste-Pudding

Erinnern Sie sich noch an meine diversen Fehlschläge bei meinen Versuch, eine Babka mit Sauerteig zu backen (siehe Seite 118)? Nun, selbst die misslungenen Babkas meiner experimentellen Reihe haben eine zweite Chance erhalten, und zwar in diesem Zero-Waste-Rezept von Linda Louis. Hier wird aus unansehnlichen, untergärigen oder zu stark gebackenen Babkas ein köstlicher, herrlich schokoladiger, englischer Pudding. Es ist also gar nicht sooo schlimm, wenn Ihnen ein Rezept nicht beim ersten Mal gelingt. Man lernt schließlich nie aus!

ZUBEREITUNG 10 Min. **BACKEN** 40 Min. Hält sich im Kühlschrank 1 Woche in einer luftdicht verschlossenen Dose

Für 8-10 Personen

- 400 ml Vollmilch
- 800 g misslungene oder altbackene Babka oder anderes süßes Hefebrot
- 50 g Weizenmehl Type 812
- Vollrohrzucker (siehe Tipp unten)
- 1 EL Kakaopulver
- ½ TL Zimtpulver
- 3 Eier
- 30 g Rosinen
- Butter zum Einfetten

1. Den Backofen auf 180 °C (Umluft) vorheizen. Eine nicht zu große Auflaufform mit Butter einfetten.
2. Die Milch in einen Topf heiß werden lassen, aber nicht kochen.
3. Das Hefebrot in kleine Stücke zupfen oder schneiden und in eine Schüssel geben.
4. Mehl, Zucker, Kakao und Zimt dazugeben und alles vermischen.
5. Die Eier verquirlen und über das Hefebrot gießen.
6. Die Milch darübergießen und alles vermengen.
7. Die Rosinen unterheben.
8. Die Masse in die vorbereitete Form füllen. Im vorgeheizten Ofen 40 Minuten backen.
9. Lauwarm servieren.

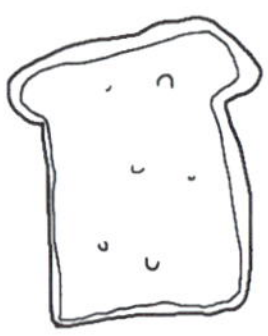

TIPPS

- Die Zuckermenge häng davon ab, wie süß die verwendete Backware schon ist. Für eine süße Babka reichen beispielsweise 20–30 g zusätzlicher Zucker.
- Der Pudding lässt sich auch mit herzhaftem, ungesüßtem Brot zubereiten. Die Zuckermenge entsprechend erhöhen.

Kwas

Dieses vergorene Getränk, dessen Name sich vom russischen Verb für „säuern" ableitet, ist in Osteuropa sehr bekannt und wird traditionell aus Roter Bete (!) und Roggenbrot hergestellt, das reich an Enzymen und Fermenten ist, aber auch andere Sauerteigbrote eignen sich gut, sofern man sich an die Anleitung hält. Mein Rezept ist von der Britin Vanessa Kimbell inspiriert, der Gründerin des Sourdough Club. Vanessa stellt regelmäßig *Kwas* her, den sie mit Kaffee und Vanille aromatisiert.
Ich stelle Ihnen hier eine vereinfachte Version vor, aber schauen Sie sich ruhig einmal auf Vanessas Website um. Für die Herstellung benötigen Sie einen großen (Glas-)Behälter mit einem Fassungsvermögen von etwa 3 Litern. Das Rezept ergibt etwa zwei 1-Liter-Flaschen – die genaue Menge hängt davon ab, wie viel Wasser das Brot absorbiert. *Kwas* braucht, wie die meisten laktofermentierten Getränke, zwei Gärungen.

ZUBEREITUNG 20 Min. RUHEN/EINWEICHEN 20 Min. KOCHEN 15 Min. Hält sich 2 Tage im Kühlschrank

Für 2 Liter

- 170 g altbackenes Sauerteigbrot
- 100 g Vollrohrzucker
- 1,5 l gefiltertes Leitungswasser oder stilles Mineralwasser (40 °C)
- 1 EL aktiver Sauerteig

1. Das Brot in kleine Stück zupfen und in einem großen Gefäß mit dem Zucker vermischen.
2. Wasser und Sauerteig hinzufügen.

3. **Erste Gärung:** Das Gefäß mit einem Tuch abdecken und 2 Tage bei etwa 20 °C stehen lassen.
Bei warmen Außentemperaturen kann die Gärung auch schneller erfolgen. Den Vorgang beobachten, um eine Übergare zu vermeiden.

4. **Die Flüssigkeit probieren:** Es sollte sich eine leichte Perlung entwickelt haben und das Getränk sollte leicht säuerlich schmecken. Der *Kwas* kann sofort serviert werden oder noch weiter reifen.

5. **Zweite Gärung:** Den *Kwas* durch ein Passiertuch oder einen Nussmilchbeutel filtern, sodass keine Feststoffe in der Flüssigkeit verbleiben. Die Reste im Tuch gut ausdrücken.
6. Den *Kwas* in sterilisierte Flaschen füllen und gut verschlossen weitere 24–36 Stunden reifen lassen.

TIPPS

- Für kräftigere Aromen kann das Brot vorher im Ofen oder Toaster geröstet werden (siehe Maillard-Reaktion, Seite 59).
- Für malzigere Aromen können 20 g Zucker durch dieselbe Menge Zuckerrübensirup ersetzt werden.
- **Achtung:** Die Gärung kann sehr schnell und kräftig sein, weshalb die *Kwas*-Flaschen einmal am Tag geöffnet werden sollten, um die Gärgase entweichen zu lassen, sonst besteht Explosionsgefahr! Um eine zu starke Gärung zu vermeiden, sollte *Kwas* nach der zweiten Gärung im Kühlschrank gelagert werden.

Biografien

Valérie Zanon ist Absolventin der Animations- und Designschule *Gobelins* (Paris) und begeistert sich für Kunst, Kochen und Fermentationsprozesse. Sie arbeitet als Grafik- und Animationsdesignerin und erteilt Kunstunterricht. Seit 2007 betreibt sie einen kulinarischen Blog lecoconutblog.com, ihren Instagram-Account @vilainlevain sowie den gleichnamigen Podcast, der bislang rund 15 Folgen umfasst. Sie ist viel unterwegs, beispielsweise in den USA, in ihrem Heimatland Italien; ist bisweilen in Ägypten, wo sie zwei Jahre gelebt hat, in Marokko oder Indien, und lässt sich dabei für ihre kulinarischen Themen und grafische Arbeit inspirieren. Als Anhängerin des Slow-Lifestyle nimmt sie sich in der Küche gern Zeit und bevorzugt Zutaten in Bio-Qualität sowie Selbstgemachtes.

Linda Louis arbeitet seit zwölf Jahren als Autorin und Food-Fotografin und hat sich in dieser Zeit auf Bio- und Naturküche spezialisiert. Auf ihrem Instagram-Account @lindalouisberry veröffentlicht sie Food- und Naturaufnahmen. Auch sie hat sich vom Brotbacken faszinieren lassen und absolviert derzeit eine Bäckerausbildung. Sie ist Autorin zahlreicher Bücher, die teilweise auch auf Deutsch erschienen sind.

Danksagungen

Valérie Zanon
Die Idee zu diesem Buch hatte ich schon vor ein paar Jahren, als ich richtig Lust hatte, mein Wissen weiterzugeben und mich auszutauschen, aber ich hatte leider keine Zeit zum Schreiben. Den Impuls, meine Idee in die Tat umzusetzen, kam schließlich von Linda Louis, der ich für ihre Begleitung bei diesem Projekt und ihr Wohlwollen danke. Abgesehen von den vielen lustigen Momenten und dem fachlichen Austausch, habe ich auch eine Freundin gefunden.

Danke an Éloïse Monziès für die Bereitstellung ihrer wunderbaren Küche und für ihre „Spontansalate“, die wir nach unseren Gängen durch ihren riesigen Gemüsegarten genossen haben.

Danke an Maryline und David für ihren herzlichen Empfang und die unvergessliche Holzofenpizza-Session.

Ich danke all meinen Profi- und Hobbybäcker-Freunden: Anthony Ménard, Guillaume Tetu, Hamid „Jekocat“, Sandra Avital sowie meiner Freundin Mouni Abdelli, die dafür gesorgt hat, dass ich in die Gänge komme, und ihr Wissen mit mir geteilt hat. Danke an alle, die in irgendeiner Weise am Abenteuer „Sauerteig“ beteiligt waren.

Danke an meine gesamte Community, die mir jeden Tag ihre Begeisterung zeigt, mich ermutigt, unterstützt und mir Sympathie entgegenbringt. Ihr seid sind Teil des Abenteuers!

Danke an Apollonia Poilâne für ihr exquisites Vorwort ... unter Brotliebhabern kennt man sich halt.

Danke an Vanessa Kimbell für ihr *Kwas*-Rezept (I won't forget it!) und ihre offene, direkte Art.

Danke an meine Redakteurin Sabine Bledniak für ihre Professionalität, ihr pädagogisches Talent und ihre gute Laune. Was für eine Freude mit dir zu arbeiten!

Danke an Pierre-Olivier Planty für seine Freundlichkeit und an Lydia und Nina, die grandiosen Grafikerinnen, dafür, dass sie meine Ansprüche und Vorschläge erduldet haben, und für ihre tolle Arbeit. Vielen Dank an Charlotte Gallimard für die Ermutigung.

Ein besonderer Dank an jenen speziellen Bäckerausbilder und Sauerteigliebhaber – er wird sich selbst hier wiedererkennen – für seine präzise, sensible und gründliche Durchsicht meines Manuskripts.

Danke an meinen Sauerteig, „den Bösen" aka Hermann, der transportiert, hin- und hergeschoben und auf die Probe gestellt wurde und, der es jeden Tag hinnimmt, unter die Lupe genommen zu werden.
Ich bin ihm unendlich dankbar.

Ringrazio mia mamma e la mia famiglia per il sostegno che mi apportano ogni giorno.

Linda Louis
Ich möchte Valérie für unseren intensiven Austausch über Brot, Sauerteig und auch über das Leben danken, für das Lachen bei den Shootings, für ihre Geduld (die Zugfahrt von Bourges nach Nevers und zurück wird uns wohl in Erinnerung bleiben), für die Arbeit, die sie in dieses Buch gesteckt hat, für den köstlichen, italienischen Honig und vieles andere mehr.

Vielen Dank auch an Éloïse Monziès für ihre Freundlichkeit und den Empfang in ihrem Paradies im *Berry;* an Marilyne und David aus Quantilly für ihre Freundlichkeit und für die köstliche Pizza-Session mit ihrem selbst gebauten, kleinen Holzofen; an Marion, Fabrice, Violette und Charly dafür, dass sie mir geholfen haben, all die Sauerteigbrote und die anderen Backwaren aufzuessen; und Danke an meine Tochter Inès für ihre unermüdliche Unterstützung bei all meinen Projekten.

Großes Lob an das Team des Verlags Éditions Alterntatives. Es ist toll, mit euch zu arbeiten!

Bibliografie

Internet

http://www.Alaskafromscratch.com
http://www.Alimentarium.org
http://www.Bighistory.net
http://www.Boudinbakery.com/our-story
http://www.Questforsourdough.com

Bücher

- Enders, Giulia: *Darm mit Charme. Alles über ein unterschätztes Organ,* 2014.
- Geißler, Lutz: *Brotbackbuch Nr. 1. Grundlagen und Rezepte für ursprüngliches Brot,* 2013.
- Redzepi, René/Zilber, David: *Das Noma-Handbuch Fermentation. Die Grundlagen des Geschmacks. Wie man Koji, Kombucha, Shoyu, Miso, Essig, Garum, milchsauer eingelegte und schwarze Früchte und Gemüse herstellt und damit kocht,* 2019.
- Ziehr, Wilhelm/Bührer, Emil M./Währen, Max: *Das Brot. Bauer, Müller, Bäcker. Von der Steinzeit bis heute,* 1986.

Weiterführende Quellen im Internet

http://www.der-sauerteig.com
http://www.ploetzblog.de
http://www.brotinstitut.de/brotkultur

Weiterführende Literatur

- Pokorny, Ada: *Backen von Brot und Gebäck aus allen 7 Getreidearten und dem Spezial-Backferment,* 2013.
- Teubner Solitäre: *Brot,* 2016.
- Penn, Robert: *Brot – Der Geschmack des Lebens. Wie ich Getreide anbaute und dabei alles über Brot lernte,* 2022.
- Metzger, Christine/Ruckser, Elisabeth: *Brot backen wie es nur noch wenige können,* 2015.
- Stoldt, Martin Pöt: *Der Sauerteig – das unbekannte Wesen,* 2010.
- Treuille, Eric/Ferrigno, Ursula: *Brot backen,* 2010.
- Van Melle, Barbara: *Der Duft von frischem Brot,* 2015.
- Armbrust, Bernd: *Brot,* 2011.
- Lugg, Casper André/Fjeld, Martin Ivar Hveem: *Sauerteig. Gutes Brot backen,* 2021.
- Kellner, Gerhard: *Brötchen, Baguettes und Weizenbrote nach traditionellen Rezepturen. Meine Frühstücksbäckerei,* 2014.
- Strawbridge, James: *Selbermachen – Das Kochbuch. Vom Fermentieren, Einlegen, Brot backen und mehr,* 2021.
- Kimbell, Vanessa: *Die Sauerteig-Schule. Gutes Brot für ein gesundes Leben,* 2018.

Podcasts

- *Levain Vilain (französischsprachiger Podcast der Autorin).*
- *Plötzlich Bäcker. Der Brot-Podcast von Lutz Geißler.*
- *Nachtschicht. Der Back- & Genuss-Brotcast.*
- *Brotale Bäcker.*

Weitere Empfehlungen für Sie

144 Seiten, 203 x 254 mm,
zahlreiche Farbfotos, Softcover
EUR 19,99
ISBN 978-3-95843-626-8

168 Seiten, 210 x 260 mm,
zahlreiche Farbfotos, Hardcover
EUR 19,99
ISBN 978-3-86852-929-6

192 Seiten, 180 x 230 mm,
zahlreiche Farbfotos, Hardcover
EUR 22,–
ISBN 978-3-95843-809-5

128 Seiten, 183 x 225 mm,
zahlreiche Farbfotos, Softcover
EUR 14,99
ISBN 978-3-96664-521-8

140 Seiten, 183 x 225 mm,
zahlreiche Farbfotos, Softcover
EUR 16,99
ISBN 978-3-96664-530-0

80 Seiten, 183 x 225 mm,
zahlreiche Farbfotos, Softcover
EUR 12,99
ISBN 978-3-95843-179-9

Unser komplettes Programm erhalten Sie in jeder
Buchhandlung und unter www.heel-verlag.de
HEEL Verlag GmbH | Gut Pottscheidt | 53639 Königswinter

IMPRESSUM

HEEL Verlag GmbH
Gut Pottscheidt
53639 Königswinter
Tel.: 02223 9230-0
Fax: 02223 9230-13
E-Mail: info@heel-verlag.de
Internet: www.heel-verlag.de

Folgt dem HEEL Verlag gerne auch unter

www.instagram.com/heelverlag

www.facebook.com/heelverlag

www.youtube.com/heelverlag

@heelverlag

Originalausgabe:
First published under the title „Levain" by Editions Gallimard, Paris
© 2021, Editions Gallimard, collection Alternatives
Autorin: Valérie Zanon
Layout: Nina de Sagazan
Satz und Gestaltung: Oya Lydia Bierschwale

Deutsche Ausgabe:
Übersetzung aus dem Französischen: Lisa Heilig
Korrektorat/Lektorat: Dr. Christiane Gülicher-Loll
Satz: Sabine Vonderstein
Projektleitung: Christine Birnbaum
Fotos: © Linda Louis
Mit Ausnahmen von:
© Valérie Zanon: S. 8, S. 12, S. 26, S. 28, S. 41, S. 43, S. 47, S. 61, S. 73, S. 75, S. 83 und S. 87

Illustrationen: Valérie Zanon

Warnhinweis:
Dieses Buch und die darin enthaltenen Zubereitungen wurden nach bestem Wissen und Gewissen verfasst. Weder der Verlag noch die Autorin tragen die Verantwortung für ungewollte Reaktionen oder Beeinträchtigungen, die aus der Verarbeitung der Zutaten entstehen.

Printed in Slovakia
ISBN 978-3-96664-584-3

MIX
Papier | Fördert gute Waldnutzung
FSC® C084279